THEATERBIBLIOTHEK

In ihren Theaterdebüts für junges Publikum zeigt Carina Sophie Eberle ihre weiblichen Figuren im Spannungsfeld aktueller Debatten, von MeToo bis Fridays for Future. Ihre Protagonistinnen tragen Kämpfe aus – mit ihren eigenen Ängsten und Zweifeln, mit den Widersprüchen und Ungerechtigkeiten in der Welt. Und sie gehen klüger und gestärkt daraus hervor.

else (someone) holt Schnitzlers Erzählung »Fräulein Else« in unsere Gegenwart. Denn trotz Emanzipation sieht sich Else auch ein Jahrhundert später noch immer zerrissen zwischen stereotypen Bildern von Weiblichkeit, ihrem eigenen Körpergefühl, familiärer Loyalität und der Wut über eine Gesellschaft, die scheinbar nichts dazugelernt hat. Ausgezeichnet mit dem Deutschen Jugendtheaterpreis 2022.

Groß werden, aber wie – noch dazu in einer selbstzerstörerischen Welt? Nemuärt, benannt nach Träumen rückwärts, will genau das wissen und tritt die Flucht nach vorne an, weg von den häuslichen Umzugskartons und den quälenden Fragen des Lehrers. Gemeinsam mit ihrer Angst löscht sie Waldbrände, besucht Treibhausfabriken und das »Resort of broken dreams«. *Der Traum von der glänzenden Zukunft* ist die fantastisch-humorvolle Geschichte einer ungewöhnlichen Freundschaft, geprägt von der Sorge um die Zukunft.

Carina Sophie Eberle

else (someone)

Der Traum von der glänzenden Zukunft

DER **VERLAG DER** AUTOREN
GEHÖRT DEN **AUTORINNEN**
UND **AUTOREN** DES VERLAGS

Dieses Buch erscheint in einem unabhängigen Verlag.

Bibliografische Information der Deutschen Nationalbibliothek
Die Deutsche Nationalbibliothek verzeichnet diese Publikation in der Deutschen Nationalbibliografie; detaillierte bibliografische Daten sind im Internet unter http://dnb.de abrufbar.

1. Auflage 2023

Verlag der Autoren GmbH & Co. KG
Taunusstraße 19, 60329 Frankfurt am Main
Telefon: 069 23 85 74-20
E-Mail: theater@verlagderautoren.de
www.verlagderautoren.de

Satz: Maintypo, Reutlingen
Umschlag: Bayerl + Ost, Frankfurt am Main
Druck: Beltz Grafische Betriebe GmbH, Bad Langensalza

Printed in Germany
ISBN 978-3-88661-419-6

Inhalt

else (someone)

»Nie werde ich unsere Existenz verstehen.«
Arthur Schnitzler, Fräulein Else

PERSONEN

ELSE (SOMEONE) / ELSE
DORSDAY
CISSY
BERTHA
PAUL
FRED
MAMA
PAPA
MADAM
HOTELGÄSTE
DER MANN IM ZUG
LEHRER:IN
POLIZIST:IN
BAHNFAHRER:INNEN
DIE FUSSBALLBOYS
JUNGE FRAU IM ZUG
HANDWERKER:INNEN

Kann als Monolog oder mit mehreren Spieler:innen besetzt werden

1
Die Aussicht: fantastisch.

Ich weiß nicht, ob ich so etwas schon jemals gesehen habe.
Wahrscheinlich nicht, ich war ja noch nie hier, aber auch etwas Vergleichbares fällt mir nicht ein, obwohl wir doch früher viel gereist sind, meine Mutter, mein Vater und ich. In die Berge ja auch.
Aber sowas wie das hier …
Atemberaubend.
Berauschend.
Die Berge, der See, das Tal.
Letztlich ist es zu schön, um es aushalten zu können.

Die Sonne scheint jeden Tag. Seit wir hier sind zumindest. Paul und Cissy spielen Tennis, ich bin zu faul. Oft sitze ich einfach hier in einem der Liegestühle vor dem Hotel, so nah wie möglich am Bergsee. So nah, dass ich meine Zehen fast ins klare Wasser strecken kann. Ich nehme es mir wieder und wieder und wieder fest vor, und mache dann:
nichts.

Schließe stattdessen die Augen. Sehe rot, sehe gelb, sehe grün.
Meine Lider sind zu dünn, um das Licht der Sommersonne vollständig abhalten zu können.
Mein Körper kriegt es alleine nicht hin, nichts zu sehen.
Ich kann mir noch so entschieden sagen:
else, du siehst jetzt mal nichts. Nichts, habe ich gesagt. Gar nichts. Die Welt bleibt draußen. Die Sonne interessiert dich nicht.
Vergeblich.

Ich lasse die Sonne also so lange für mich spielen, rot, gelb, grün, bis ich nicht mehr weiß, warum ich hier bin und wer überhaupt diese junge Frau mit den transparenten Augenlidern ist.

Die Berge, der See, das Tal.
else, klar.
else in Ferien.
else und Paul und Cissy gestrandet im Irgendwo.
Gerettet.

2
… schon wieder!? …

Im Elternhaus knallen die Türen.
Cissy und ich in meinem Zimmer im Obergeschoss, Stadt.
Sofakissen auf dem Bett verteilt. Erdbeerlimonade, selbstverständlich, selbstgemacht.
Meine Mama sorgfältig.
Mein Papa sorglos.
Konfliktpotential im Erdgeschoss.
Ex-plo-sion.
Sag, else, was hast du vor in den Ferien?
Keine Ahnung.
… schon wieder? …
… immer machst du …
… du bist wirklich …
… unerträglich! …
Keine Ahnung.
… ich halte es nicht mehr aus …
… ich auch nicht …
else auch nicht.
Und du, Cissy?
Ich fahre zu meiner Patentante, ihr gehört doch dieses alte Schlosshotel in den Bergen.
Zu Madam ins Bagno di Fiaba, wo du die letzten Sommer auch schon verbracht hast?
Ja genau. Wer weiß, wie lange das noch gut geht.
Warum?
… immerwirklichunerträglich …
Alle warten nur darauf, dass das Ding irgendwann einstürzt.
So schlimm?
Schlimmer. Aber schön.

… aaaah!
Das Elternhaus ist in den Grundfesten erschüttert. Die Erdbeerlimonade vibriert.
Hast du vielleicht Lust mitzukommen?
Unten knallt ein Teller gegen die Wand und zerbricht wegen der Wut, die von elses Mutter ausgeht wie
… immer ….
… wo ist das Geld? …
… immer …
… schon wieder verspielt! …
… immer …
… so ein »toller« Anwalt, aber die eigene Sucht nicht sehen …
Komm doch mit, ich würde mich freuen.
Schmeckt nach Sommer,
Schmeckt nach Hoffnung,
Schmeckt nach …
Ja gern.
Toll!
Sollen wir Paul auch fragen? Madam hat bestimmt nichts dagegen.
Warum nicht?
Limonade auf Ex.
Das knallt.
Auf den Sommer.
Prost.

3
else, musst du auch auf die Toilette?

Willst du vorbeikommen heute Nachmittag?
Lernen wir zusammen für die Prüfung?
Sitzen wir nebeneinander beim Tag der offenen Tür an der U-ni-ver-si-tät?
Was ist ein Campus?
Wir könnten mal campen fahren diesen Sommer, was meinst du?
Ich weiß gar nicht, was ich studieren soll.
Auf jeden Fall teilen wir beide uns dann eine Wohnung, oder, else?
Noch besser: Wir bleiben einfach auf deinem Bett sitzen und baden für immer in hausgemachter Erdbeerlimonade. Irgendwann bringt deine Mutter uns vielleicht bei, wie das geht.
Vielleicht auch nicht.
Also, musst du auch auf die Toilette?
Kannst dir auch meinen neuen Lippenstift ausleihen.
Steht dir.
Siehst toll aus.
Like it.
Love it.
Love you. My friend.
Cissy und else.
else und Cissy.
Zusammen groß geworden,
zusammen gewachsen,
unzertrennlich seit …

Kindergarten. Sonnengruppe. Stadt.
Klein-Paul nähert sich vorsichtig Klein-Cissy.
Stimmt das, dass du schon Herzen malen kannst, Cissy?

Cissy nickt errötend.
Du bist die Einzige hier, die das kann, oder?
Cissy blickt sich verlegen um und zuckt die Achseln.
Kannst du …?
Paul hält Cissy einen Zettel und einen roten Filzstift hin.
Da drauf, bitte?
Cissy knallrot, klemmt sich die winzige Zungenspitze zwischen die Lippen,
ist die süß!,
und malt mit der ganzen Hingabe und Sorgfalt, die sie dank fünf Jahren Lebenserfahrung aufbringen kann.
Hier bitte.
Danke.
Paul lächelt sie unwiderstehlich an.
Das kann er noch heute sehr, sehr gut.
Besser als vieles andere.
Tennis spielen kann er auch gut. Küssen kann ich nicht einschätzen. Leider.
Erste Funken fliegen im Dreieck.
Drama!
Er bringt mir,
Klein-else, fünf Jahre jung,
den Zettel schnurstracks.
Cissy heult.
Paul ist irritiert. Was hat sie denn?
Und ich kann mich nicht entscheiden, ob ich mich über den ersten Liebesbrief meines Lebens freuen,
Feuerwerk,
oder Cissy,
herzzerreißend, schluchz, tränenreich,
trösten sollte.
Und ich fälle eine Entscheidung großer Tragweite.
Ich sage mir:
else, behalte den Brief, lächle zurück, lass es kribbeln.

Und dann nimm die Kinderschere und schneide das Herz aus.
Schenke Cissy dein rotes Schnipselchen.
Like it.
Love it.
Love you. My friend.
Cissy und else.
else und Cissy.
Cissy ist die Schwester, die ich nie hatte.
Mein Herz in ihrer Schmuckschatulle.
Ja!
Ja!
Ja!

4
Ping
Pong
Ping

Pong
Aus!
Aufschlag
Sie lachen.
Ping
Schlag
Ist das heiß!
Wie machst du das nur, Cissy, dass du immer so wahnsinnig aufgeräumt aussiehst?
Nie ein Pickelchen auf deinem makellosen Gesicht.
Nie ein abgeplatztes Stück Nagellack. Bei mir geht das am Zeigefinger immer besonders schnell.
Echt?

Ping
Pong
Ping
Pong
Ich wette, selbst bei der Hitze steigt keine Spur von Schweißgeruch von deinen sorgfältig rasierten Achselhöhlen auf.
Willst du riechen?
Rasiert oder Enthaarungscreme?
Geht beides.
Enthaarungscreme ist eklig, das habe ich einmal probiert, diese weißliche Masse, vermatscht mit den müden toten Haaren, widerlich. Mit frischem Aprikosenduft, verspricht die Tube, denkste.

Mir wird schlecht.
Mir auch.

Ping
Pong
Ping
Pong
Lieber Paul angucken.
Die Sonne bekommt ihm.
Die Bergluft auch.
Sein Gesicht ist gebräunt.
Sonnengruppe forever.
Sein Achselshirt ist ihm zu groß und verrutscht ständig.
Schläfst du eigentlich auch in diesen Sachen, Paul?
Warum?
Naja, du hast das Shirt schon getragen, als wir hier angekommen sind. Du siehst aus, als wärst du damit verwachsen.
Halbnackte Brust, bloße Schultern.
»Er kann es sich ja leisten.«
Seine Haare sind lang geworden und fallen ihm immer wieder in die Stirn.
Gedankenverloren.
Was wollte ich gerade sagen? Erledigen? Warum? Habe ich ganz vergessen.
Und dann das strahlende Lächeln.
Es tut mir so leid, dass ich unsere Verabredung vergessen habe.
Nicht so schlimm.
Ich kann mir wirklich nicht erklären, warum ich zum Abendessen nicht da war.
Es ist okay.
Meine Hausaufgaben? Die muss mein Hund gegessen haben.

Dumm gelaufen, wuff, macht nichts.
Tut mir leid wegen dem Herz damals, Cissy.
Alles vergeben und vergessen.

Ping
Pong
Ping
Pong
Schlag
Ich fürchte, wir alle sind verliebt in Paul.
Cissy und ich.
Madam Hotelbesitzerin auf jeden Fall.
Auf den ersten Blick,
Treffer mitten ins Tantenherz,
»der junge Herr«,
ganz altmodisch spricht sie und wird rot unter ihrer Langzeitdauerwelle.
Entzückend.
Selbst Fred, das stille Wasser, das sich mein Bruder nennt, schaut auf von seinen Mänteln und Büchern, wenn Paul den Raum betritt.
Ansonsten ist es sehr, sehr still um Fred.
Er studiert eben.
Deshalb meldet er sich nicht mehr?
Er braucht Ruhe.
So viel?
Die U-ni-ver-si-tät, else, du wirst das selber noch erleben, äääh.
Ich kann Fred verstehen. Ich will auch an die Universität, wenn ich dann in Ruhe gelassen werde.

Ping
Pong
Ping

Pong
Schlag
Paul ist umwerfend.
Rums mit Wucht.
Weiß er genau. Würde er nie zugeben.
Wenn man ihn darauf anspräche, hey, Paul, Butter bei die Bergseefische, würde er sagen:
Hm.
Hah.
Ho.
Habe ich so noch nie drüber nachgedacht.
Das Kribbeln, das Kribbeln, das Kribbeln überall.

5
Wie sauer Cissy wohl wäre, wenn ich Paul küsste?

Kategorien:
- Zerstört
- Verheerend
- Bedrohlich
- Maumiau (Katzenjammer)
- Okay
- Gut
- Sehr gut
- Annähernd optimal
- Champagner

?

else, ich gehe mit meiner Tante heute runter in den Ort, einkaufen. Willst du mit?
Ich weiß nicht. Was macht Paul?
Der bleibt hier.
Ich glaube, ich bleibe heute auch hier am See.
Gut! Vielleicht bringe ich dir was mit.
Was denn?
Wirst du dann sehen.
Viel Spaß!
Dir auch. Oder soll ich sagen: euch?
Tschüss, Cissy, meine liebste Apfelsine.
Tschüss, Schwester.
else?
Paul?
Hm.
Cissy ist weg, oder?
Ja.
Was machst du so heute Nachmittag?
Ich wollte vielleicht mal in den Wald, auf den Berg.

Oh, gute Idee.
Willst du mitkommen?
Ja!

Wanderschuhe an. Meine sind ganz neu. Die hat mir mein Vater vor der Abreise geschenkt, aus schlechtem Gewissen wahrscheinlich.
… immerwirklichunerträglich …
Papa, die brauche ich doch nicht, es ist Sommer, ich will baden. Flip Flops kannst du mir schenken. Ach, das ist ja süß von dir, dass du jetzt extra noch pinke Schnürsenkel dazu geholt hast. Nein, die musst du mir nicht einfädeln, toll, danke, aber das ist doch nicht nötig …
Bist doch mein else-Mädchen, sollst mir doch nicht vom Berg fallen, wäre schade drum.
Bleib brav, ja.
Und immer anständig, ja.
Selber, Papa. Fällt mir dazu nur ein. Selber.

Die Schuhe sind aber wirklich hübsch und seit ich hier bin, bin ich froh, sie dabei zu haben.
Sonne auf den Stadtschöpfen.
Schweiß auf der Stirn,
Schweiß unter den Achseln,
Schweiß, der an den Beinen hinunterläuft.
Wenig Schatten oberhalb der Baumgrenze.
Stütz dich an den Felswänden ab, dann geht's.
Schau doch!
Die Aussicht ist fantastisch!
Ich fühle mich wie auf einer Eisenbahnplatte.
Das Hotel ist winzig!
Da, das Dorf!
Vielleicht sehen wir Cissy mit Madam flanieren.
Nicht an Cissy denken. Nicht jetzt.

Wir beide sitzen hier fest, was?
Lass sehen, Seilbahn, Straße, kein öffentlicher Nahverkehr. Nur wir beide in Lebensgröße.
Streck mal die Hand aus.
Hältst du mich fest?
So?
Jetzt hast du das ganze Hotel in der Hand. Lass es krachen, wenn du allein sein willst mit mir.
Faust.
Hörst du es?
Zerbrochene Giebelbögen?
Schrankholzsplitter, Eiche hell?
Eine kleine Pfütze Bergsee?
Die trocknet bei der Hitze aber sicher schnell.
Und was machen wir jetzt mit den Resten der Welt?
–
Die Oberlippe weich,
das Kribbeln, das Kribbeln, das Kribbeln überall,
der Schweiß, der an den Beinen hinunterläuft,
Nähe
Näher
Nächster
Jetzt?

Ein Vogelschrei,
ein Glockenschlag,
Moment vorbei.

Schöne Schuhe übrigens.
Verlegener Paul, du, gehen wir weiter?

6
Warum hast du es nicht gemacht? fragt Bertha.

Ja, warum nicht?
Ich vermisse Bertha. Aus vollem echten, nicht bloß papiernem Herzen.
Wie keine Zweite.
Warum hast du nicht?
Keine Ahnung.
… immer …
… nie …
Weiß ich nicht, da war …
Wäre Bertha hier, hätte ich Paul geküsst, vielleicht aus Prinzip.
Bertha, die Eigensinnige. Macht, was sie will.
Ihre Unberechenbarkeit macht sie unabhängig.
Bertha sitzt nicht auf Sofakissen in Kinderbetten, Bertha geht tanzen.
Und zieht mich garantiert mit.
Club.
Bass Beat Strobo
Keine Ahnung.
Gut so
Bass
Bass
Billy Eilish oder
egal
Youshouldseemeinacrown
Strobo
Ich vergess' mich.
Vergiss dich.
Gut so,
Sinn der
Sache.

Welt,
beweg dich einfach.
Ruhe im Kopf, weil's außen dröhnt.

Und Bertha gefällt's.
Bertha mag den Beat,
Bertha mag den Schweiß,
Bertha mag die Körper,
meinen,
die der anderen,
ihren eigenen.
Und gefällt ihr einer besonders gut, folgt sie ihm.
Ganz einfach.
Keine Ahnung.
Doch, einfach.
Entschuldigung?
Nicht dafür!
Du!
Mädchen im Minirock, schlanke Beine?
Du!
Hochgewachsener Mann mit Leuchtröhren um den schmalen Hals, lass sehen.
Du!
Du!
Du!
gefällst mir.
So zieht Bertha an ihrer Zigarette und stößt mit jeder Rauchwolke wohlgeformtes Interesse aus.
Ist es groß genug, das Interesse,
und weichgezeichnet vom Qualm,
geht sie auf
du! und
du! und
du!

auf die schöne Person,
das Objekt ihrer
...
zu.
Warte. Jetzt kannst du noch nicht gehen.
Keine Ahnung.
Kann ich dich küssen?
Ja?
Nein?
Vielleicht?
Und Bertha geht hin und tut, was sie angekündigt hat,
zärtlich,
aber bestimmt.

Was macht sie jetzt schon wieder?
Lass sie doch, Cissy.
Aber das ist doch peinlich. Bertha, das ist doch peinlich,
den Leuten hier ...
Lass mich in Ruhe, Cissy.
Mach wenigstens die Zigarette aus, wenn du mit mir redest.
Ich mache, was ich will und wann ich will.
Warum sprichst du so mit mir?
Weil du nervst.
Du kannst dich doch nicht ständig so aufdrängen.
Warum nicht?
»Willst du gelten, mach dich selten?«
Cissy, deine Gefälligkeitshaltung ist gefährlich.
Wieso Gefälligkeitshaltung? »Mach dich rar und du bist der Star!«
So wirst du nie bekommen, was du selber willst, wenn du immer nur wartest, wartest, wartest und lächelst. Hast du darüber mal nachgedacht?
Aber ...

Bass Beat
Das ist Rape Culture, Cissy, du bist Rape Culture.
Jemand schnappt nach Luft.
Ihr könnt euch echt nicht ausstehen, ihr beiden, was, könnt ihr euch nicht einfach mal vertragen, für mich, eure else, eure Freundin, love you, thanks?
Bass Beat Strobo
In a crown,
the one and only,
smile and wait,
zärtlich.
Ich vergesse Bertha,
ich vergesse Cissy,
ich vergess' mich.
Vergiss dich.
Gut so,
Sinn der
Sache.
Welt,
beweg' dich einfach.
Ruhe im Kopf, weil's außen dröhnt.
Beat
Beat
Beat

Wäre Bertha hier, ich hätte Paul geküsst.

7
Das Hotel ist Cissys schrottreifes Prinzessinnenschloss.

Rückzugsort.
Hierher kommt Bertha bestimmt nicht.
Selbst wenn sie eingeladen wäre.
Was sie natürlich nicht ist.
Madam Patentante wirkt wie aus der Zeit gefallen.
Sagen wir, so um die 100 Jahre?
Sie könnte aus einem Roman von Arthur Schnitzler stammen, zum Beispiel.
Küss die Hand, gnädige Frau,
so ein schönes Wetter, fast schon ein Alpenglühen.
So redet Cissys Tante, wenn man ihr auf einem der eeeeeeeeendlos langen Flure begegnet.
Guten Tag, Frau Hotelbesitzerin!
Eine Frau, die mit beiden Füßen fest auf dem Boden der Tatsachen,
Fakten, Fakten, Fakten,
steht und seien diese auch hundert Jahre alt, dann haben sie sich zumindest langjährig bewähren können. Vom Scheitel bis zur Schuhsohle anständig, was auch immer das bedeuten soll.
Ist alles zu Ihrer Zufriedenheit, Fräulein else?
Ihr Kostüm: sitzt perfekt.

Sie lässt sich die Kostüme schneidern beim besten einzigen Meister des tiefergelegenen Ortes unten.
Wo es sonst noch
– Zigaretten
– Zeitungen
– oh, und Postkarten!
zu kaufen gibt.

Soll ich dir welche mitbringen, else?
»Lieber Papa.
Liebe Mama.
Liebeliebeliebe sehr,
viele Grüße aus dem Niemandsland, wo ich sehr gerne bin und noch lange bleiben möchte, bis ihr euch …«
… immerwirklichunerträglich …
Nochmal neu: »Das Wetter ist schön und ich unternehme total viel.«
Stimmt nicht.
Das mit dem Wetter schon, das Unternehmen aber nicht.
»Ich will Paul küssen.«
Ehrlich, aber nicht von Interesse.
… wowowoistdasGeld??? …
»Ich bade im See und habe schon eine Wanderung (danke für die Schuhe) unternommen in die Wälder.«
… dieeigeneSuchtnichtsehen …
»Morgen gehe ich mit Madam zur Jagd, jawohl, ich lerne jetzt schießen, und wenn ihr wieder mit Porzellan schmeißt später, dann knallt's aber ehrlich. Hier gibt es sogar einen extra Hinterhof, wo die geschossenen Rehe in Ruhe ausbluten können und dann ausgeweidet werden. Hättest du mir mal besser ein Messer geschenkt, Papa, oder noch besser, gleich ein Gewehr. Hier auf dieser Postkarte seht ihr also eure Tochter else mit einem Hasenherz, wenn's tropft, ist das gar kein Problem, denn es gibt einen eigenen Gartenschlauch für das viele Blut.«

Ich glaube, ich lasse das mit den Postkarten.
Nichts an niemanden.
Name: Hase.

8
Schade um das schöne Schloss. Lange wird's wohl so nicht mehr stehen.

Ping
Pong
Ping
Pong
Platsch
Jemand springt ins Wasser,
herrlich, schön,
die Tropfen sind kalt.
Der Liegestuhl ist sagenhaft bequem.
Ob ich wohl mein Bikini-Oberteil ausziehen kann, wenn ich auf dem Bauch liege?
Ungerecht ist das, bei Paul ist Oben-ohne entzückend,
bei mir streikt Madam, warum auch immer.
DieBrüsteklebennacktaufdemBadetuch.
Rückzugsort hinter transparenten Augenlidern.
Jemand springt ins Wasser
Ping
Unter Wasser
Pong
Sehe gelb, sehe rot, sehe grün
R e g e n b o g e n f a
r b e n S
o n n
e
S p
i
l
e

9
else?

Ist das etwa?
Ich glaube es ja nicht …
Bist du es wirklich …
Ist er es wirklich …
Dorsday?
Der Dorsday, der alte Freund von Papa, hier an meinem Liegestuhl?
else, kleine else, so eine Überraschung, was machst du denn hier?
Ja, was machst du denn hier?
Das ist ja ewig her, lass dich anschauen, bist du …
Nein, sag es nicht.
Es stimmt aber.
Das ist mir egal, ich kann das nicht ausstehen.
Ach, komm mach mir die Freude … GROSS geworden!
Wie es dir geht, brauche ich ja nicht zu fragen, du siehst umwerfend aus.
Willst du dich setzen?
Wie geht's zu Hause?
… immerwirklichunerträglich …
Gut geht es.
Das freut mich zu hören. Und was verschlägt dich hier in die Berge, hübsche else? Solltest du dich nicht in der Stadt amüsieren, statt hier in dieser Bruchbude herumzuhängen?
Meine Freundin Cissy hat mich eingeladen. Ihrer Tante gehört das Hotel.
Ah, Madam ist die Tante deiner Freundin Cissy?
Jap.
Wunderbar. Ich komme fast jedes Jahr hierher. Mein Lieblingsplatz ist die Dachterrasse oben. Und jetzt lässt

du dir hier die Sonne auf den Bauch scheinen. Zufall, Zufall, Zufall. Mal die Seele baumeln lassen, was.
Dorsday, Dorsday, Dorsday. Meine Seele baumelt gerade nicht vergnügt, sondern versucht, das Bikinioberteil möglichst elegant hinten wieder zu schließen über den verschwitzten Brüsten und gleichzeitig, ihre Überraschung zu verarbeiten. Dorsday hier.
Lang keine Einladung mehr von euch.
Jap.
Früher, das waren Feste.
Jap.
Dein Vater ist ein hervorragender Anwalt.
Jap.
Spielt er etwa immer noch …?
Jap.
Es ist ein Elend. Was soll man da sagen.
Ja, was soll man da sagen. Schöne Schuhe, else?
else und Dorsday am Bergseerand mit Blick ins verklärte Grün.
Ich sage gar nichts mehr dazu. Bald ziehe ich sowieso aus.
Hast du schon Pläne?
Ich will Ärztin werden.
Ärztin!
Ärztin.
Medizin studieren.
Soll ich dir helfen mit dem Bikiniverschluss?
–
Immerhin habe ich schon deine Windeln gewechselt.
Danke für's Kopfkino.
So. Jetzt sollte es wieder halten.

10
Bis später, else!

Fällt mir nicht im Entferntesten ein, mich davon beeindrucken zu lassen.
Madam hat Handwerker in die Halle bestellt,
die retten, was zu retten ist.
Dezent schaben sie an den alten Tapeten herum und legen
Schicht für Schicht
die darunter liegenden Flecken, Wandmoden und Schimmelfelder frei.
Worin man sesshaft wird, das muss man sich schon gut überlegen,
ob in einem Sessel,
einer Hotelhalle,
einer fixen Idee.

Na, woran denkst du?
Cissy. Hast du mich erschreckt.
Was ist denn los mit dir? Du siehst aus, als hättest du ein Gespenst gesehen.
So etwas Ähnliches.
Willst du mir etwas erzählen?
Sollte ich?
Zum Beispiel, wie es gestern auf dem Berg war?
Wie meinst du das?
Mit Paul?
Und du, hast du dir unten ein passendes Wohnzimmer ausgesucht?
Ja. In apricot.
Ernsthaft?
Natürlich. Da zieht Paul dann mit mir ein und das Herzchen aus der Sonnengruppe hängt über unserem Sofa.

–

else, verarsch mich nicht.

Was meinst du denn?

Glaubst du, ich hätte nichts gemerkt? Ihr beide, nach dem »Spaziergang«, so verlegen … War's romantisch?

Jetzt hör auf.

Hör du auf.

Wie böse wärst du mir?

Verheerend.

Cissy …

Kannst du dir sparen.

Ich wollte wirklich nicht.

Was wolltest du nicht?

Verheerend. Das will ich nicht.

Muss es gerade Paul sein?

Das frage ich dich.

Du warst wirklich noch nie romantisch, else. Du hast das schon damals nicht verstanden.

Nein, das stimmt. Ich habe auch mit fünf nicht geglaubt, dass der Prinz im Achselshirt auf einem Schimmel über die Stadtautobahn angeritten kommt.

Das habe ich auch nicht geglaubt!

Hast du doch. Achtung, Spielstraße!

Niemals!

Vorsicht, Schulkinder! Galopp!

Nein, nein, nein!

Doch! Jeden Abend hast du dir die Haare fächerförmig ausgebreitet auf dem Kissen, wenn ich bei dir übernachtet habe. Vielleicht wird der Traum,

glitzerglitzer,

ja heute so wahr wie nie.

»else, man muss vorbereitet sein.« Du hast Recht! Wie peinlich!

Naja. Love you trotzdem.

–
Hast du dir eigentlich je überlegt, wo der Prinz mit dir hinreiten würde? Wo all diese Prinzen die Prinzessinnen hinbringen nach dem Happy End? Und wenn sie nicht gestorben sind, schon klar. Aber wo leben die? Wie leben die? Schmeißen die mit Porzellan? Haben die getrennte oder geteilte Konten? Wer arbeitet? Wer regiert? Wer kümmert sich um uns Kinder?
Nein, darüber habe ich nie nachgedacht.
Ich auch nicht.
Ich wollte halt Prinzessin sein, und die war nur echt mit Prinz. So wie …
… Barbie und Ken.
Deine Mutter und dein Vater.
Hm. Und wie sah der Prinz aus?
So ein bisschen wie dieser Freund von deinem Vater, dieser Große mit den geblümten Freundinnen, die immer so aussahen, als trügen sie Kleider aus Gardinenstoffen, so fließend luftig fluffig duftend … Der mit der Kunst, weißt du noch, der immer so verwegen nach Zigaretten roch. Mit so einem, dachte ich immer, ist man Prinzessin auf ewig. Garantiert. Fertig. Wie hieß der noch?
Dorsday.
Dorsday. Ein Name wie ein Imperium. Alles zu Ihrer Zufriedenheit? Küss die Hand, gnädiges Fräulein.
Wie ich mich freue, dich zu sehen, kleine else.

Was gibt's hier zu lachen?
Paul, Paul, Paul.
Das Kribbeln, das Kribbeln, das Kribbeln überall.
Erdbeerlimo, Mädels, nach dem Pingpong? Ich habe Durst.
Wer hat gewonnen?
Drei Mal darfst du raten.

1
2
3
elsie, was ist, findest du das nicht lustig?
Ich bin einfach müde.
Leg dich doch eine Stunde hin.
Das mache ich.
Vergiss nicht die Fächerhaare, Zuckerpuppe. Heute werden Träume wahr.
Malt ihr euch mal nicht so viele Filzstiftherzen auf die Oberarme, davon werdet ihr noch kitschiger.
Funken im Dreieck.
1
2
3
Was würde ich nur ohne euch machen?
Wartet ihr auf mich mit dem Champagner?

11
Die Wandverschalung knallt mir orange entgegen.

Das Handtuch ist blütenweiß. So sagt man doch? Madam?
Erst mal heißes Wasser auf die Schultern prasseln lassen.
Mein Nacken fühlt sich so kantig an wie die Rücken der Berge.
Woher plötzlich diese Unruhe.
Bass Beat Strobo
du!
Wenn ich den Kopf senke, sehen meine Brüste aus wie zwei Hügel mit Spitzen.
Mein Oberkörper im Spiegel: etwas völlig anderes. Brüste von vorn. Meine, oder auch nicht.
Nochmal anders, die Augen zu, die Hände drauf: glitzerglitzer.
Ich habe drei verschiedene Paar Brüste.
Eine Übersicht von oben,
eine Frontalansicht für andere,
und ein Gefühl,
warm, schwer,
in den Handflächen.
Wow.
Was stimmt denn jetzt?
So viele elses in der Kachelspiegelung des Badezimmers.
Bin ich jetzt mein Spiegelbild oder mein Gefühl?
Wem soll ich trauen?
Welcher Perspektive?
Fakten? Fakten? Fakten?
Es ist jedenfalls schön, ein warmer, weicher, harter, gesunder, kranker, starker, schwacher Körper zu sein.
Augen zu und ich kann spüren, was gerade stimmt.

Das ist wichtig, dass das geht.
Aktuell: Wassertropfen und Duschgelseifenblasen.
Quadratkilometerweise Haut unter meinen Händen.
Stroboschaum,
Haut
Haut
Haut,
dieses Riesenfühlorgan.
Es gibt Stellen an meinem Körper, die erreiche ich gar nicht. Teile meines Rückens zum Beispiel.
Und nie, wirklich nie werde ich wissen, wie es ist, wenn, sagen wir mal, mein großer Zeh meine Kopfhaut berührt.
Diese Lücke!
Deshalb will ich auch Ärztin werden, etwas anderes kann ich mir gar nicht vorstellen. Vielleicht weiß ich in fünf, sechs, sieben Jahren dann schon mehr? Wenn ich zumindest andere Körper von innen und von außen gesehen habe?
Von meinem eigenen Körperinneren will ich nämlich erst gar nicht reden. Selbst meine Zähne kennt die Zahnärztin besser als ich selbst. Ich kann sie nur im Spiegel anschauen oder fühlen. Mit dem Zeigefinger ist das, als hätte ich ein nasses Gebirge im Mund.
Hey, Paul, Lust auf einen Ausflug?
Brauchst aber festes Schuhwerk.
Darf ich deine Haare anfassen?
Deine Oberlippe küssen?
Haut
Haut
Haut
Wie fühlt sich dein Rücken an in der Sonne?
Wie fühlt sich mein Rücken an unter deinen Händen?
Wie kann einem nur langweilig werden bei so vielen

Geheimnissen?
Das Kribbeln, das Kribbeln, das Kribbeln überall.
else in Einzelteilen, Mut zur Lücke.
Der Schweiß, der an den Beinen hinunterläuft,
love you,
Nähe
Näher
Nächster
Mein Bauchgefühl ist ein unausweichlicher Fakt.
Ich will wissen, wie deine Zungenspitze schmeckt,
glitzerglitzer?
Jetzt?

12
***

else selbstvergessen.
Größtmögliches Wohlgefühl.
Pizza, Pralinen, Musik, … ?

13
Pieppieppieppiep

Play.
Mama.
Oh nein.
Wirre Sprachnachricht? Wie immer?
Liebe else, du kannst mir glauben, wie leid es mir tut, dass ich dir in deine schönen Ferienwochen mit einer so unangenehmen Nachricht hineinplatze.
Noch mehr Pathos, Mama, ja!
Kurz und gut: Die Sache mit Papa ist akut geworden.
Komm zum Punkt.
Es handelt sich um 30.000 Euro, eine vergleichsweise kleine Summe, die wir bis morgen auf dem Konto haben müssen, sonst ist alles verloren.
Das heißt?
Wir müssen Insolvenz anmelden, die Kanzlei wird geschlossen und Papas »Problem« …
Seine Spielsucht meinst du.
… wird öffentlich. Er verliert seinen Ruf als Anwalt. Ich habe Angst, dass er das nicht erträgt. Ich weiß nicht, wen ich noch fragen soll …
Ich weiß nicht, was ich damit zu tun habe.
… und wie wir dein Studium dann unterstützen sollen ab Herbst.
Ahja.
Der Einzige, an den man eventuell noch denken könnte, wäre Onkel Viktor, der befindet sich aber unglücklicherweise auf einer Reise zum Nordkap …
Geschenkt.
… und da habe ich nun zufällig erfahren, dass Dorsday sich das gleiche Ferienziel ausgesucht hat wie du! Dorsday schuldet Papa noch einen Gefallen, er hat ihm

im letzten Jahr im Prozess gegen einen anderen Kunsthändler ein gutes Stück Geld gerettet. Außerdem hat Dorsday gerade einen großen Verkauf getätigt, denk dir, er hat die Lady Godiva von John Collier versteigert … Millionen! Wahnsinn.
Und was habe ich jetzt damit zu tun?
Darum habe ich mir gedacht, ob du nicht mit Dorsday reden könntest?
Ich soll ihn anpumpen?
Wenn wir das Geld morgen nicht bezahlen können, wird der Haftbefehl erlassen. Es wäre doch dumm, wenn wegen einer solchen Summe ein Unglück geschähe. Und wozu hat man denn schließlich gute Freunde?
Ja, wozu?
Und dich hat er ja immer besonders gern gehabt. Also mach's gut, elsekind, ich hab' dich lieb wie immer!
Stop.
Ach, Mama.
Ach, Mama.
Ach, Mamakindmama.

14
Eine nackte Frau sitzt auf einem weißen Pferd.

Ob das wohl der Schimmel aus Cissys Prinzessinnenträumen ist?
Die Frau sieht jedenfalls nicht so aus, als hätte sie schon einmal darüber nachgedacht, wie ihr großer Zeh auf ihrer Kopfhaut ankommen könnte.
Lady Godiva, von John Collier.
Und mit diesem Bild hat sich Dorsday jetzt also den letzten Haufen Geld und diese Ferien verdient.
Schick.
Ein Liebhaberstück.
Ein großes Stück Kunstgeschichte.
Die Prä-Raffaeliten waren mal Avantgarde, Madam.
Gut zu wissen.
Nicht zu sehen.
Ich klick's weg.

15
Neinjanein

Ich habe nein gesagt. Pizza und Pralinen. So.
Musik.
Ich ignoriere das einfach, ich muss mich nicht darum kümmern.
Musik.
Ich habe nichts damit zu tun!
Musik.
Immer Fassade, Fassade, Fassade, nach außen hin den tollen Anwalt spielen und hinterher fliegen dann die Teller an die Wand.
Musik.
Dann hör eben auf zu spielen, Papa.
Musik.
Und du, Mama, warum machst du das alles mit?
Musik.
Papa kommt betrunken nach Hause, wieder ein Vermögen verspielt, aber keinem sagen, else, niemandem sagen.
Musik.
Kriegt doch euer Leben endlich in den Griff.
Musik.
Ich bin sowieso bald weg.
Musik.
Fred auch. Warum schreibst du nicht Fred?
Musik.
Und dann wieder: Ich war doch immer für euch da.
Musik.
Pinke Schnürsenkel für dich!
Musik.
Warum kommt ihr dann nicht selber her und fragt Dorsday?

Musik.
Oder ruf ihn doch an? Angst, dass er auflegt?
Musik.
Ja, du machst den besten Kakao der Stadt, Papa.
Musik.
Ja, du hast die klügste Bibliothek und die schlausten Antworten der Welt, Mama.
Musik.
Insolvenz, puh.
Musik.
Der Feingeist im Gefängnis. Ohweh.
Musik.
Ich kann ja mal schauen.
Musik.
Wenn es sich ergibt, auf der Terrasse oder so. Dann trinken wir ein Glas Wein um der alten Zeiten willen und ich fühle mal vorsichtig vor.
Musik.
Aber damit das klar ist, danach bin ich raus, verstanden?
Musik aus.

16
Also, anziehen.

Die Frage ist nur, was.
Guck nicht so, Berg. Du auch nicht, Baum. Goldregen, oder?
Und schon wieder Dorsday in meinem Gehirn, geht der heute nirgendwo anders mehr spazieren?
Wie alt bist du jetzt, else?
Fünf.
Da bist du alt genug, um die Geschichte vom Goldregen zu hören, würde ich sagen. Schau dir diesen Strauch an.
Da sind wir doch schon tausendmal dran vorbeigegangen, Dorsday.
Die Dinge ändern sich, wenn du ihr wahres Gesicht kennst. Da ist es völlig egal, wie oft du sie vorher gesehen hast oder wie gut du sie zu kennen glaubst. Also, siehst du ihn?
Ja.
Schaust du ihn genau an?
Ja.
Wie heißt er?
Goldregen.
Sehr gut. Also. Jetzt kommt die Geschichte. Es war einmal ein Mädchen ohne Hoffnung, das hatte keine Lust mehr, Erbsen zu zählen und ließ sich deshalb ein paar neue Kleider von diesem Goldregen hier fallen. Was hättest du gern?
Ein Ballkleid. Schulterfrei.
In ihrem wunderbaren schulterfreien Ballkleid ging sie zu einem Fest, zu dem sie nicht eingeladen war. Sie sah so gut aus in ihrem neuen Kleid, else, das kannst du dir noch gar nicht vorstellen. Kraft dieser umwerfenden Schönheit fielen alle Hofstaaten wie Dominosteine –

bämbämbämbämbäm – auf den Marmor und sie angelte sich den reichen Prinzen wie ein Lachsfilet zum Frühstück. Ende: Kaviar.
Was ist Kaviar?
Das Essen, das am besten zu schulterfreien Kleidern passt.
Und das Kleid kam genau hier vom Baum?
Genau hier.
Quatsch, das ist mitten in der Stadt.
Vertrau mir, else. Schau genau hin. Und jetzt warten wir hier, bis dir ein Kleid vom Goldregen fällt.

Jeans und T-Shirt. Gepflegtes Understatement.
Hm.
Hotpants und Top, am bequemsten bei der Hitze.
Da fühle ich mich nackt.
Aber anderseits trage ich das ja sonst auch immer hier, warum also nicht jetzt.
Dann das rote Kleid mit den Spaghettiträgern?
Genau, und dazu die Wanderschuhe mit den pinken Schnürsenkeln, Hommage à Papa.
Kleine else, wie freue ich mich, dich zu sehen.
Ich gehe im Jogginganzug. Oder soll ich mir gleich eins von Madams Kostümen leihen?
else, else.
Ich weiß nicht, wo mir der Kopf steht, in der Dusche, auf dem Nachtschrank, oder noch unten am Badesee.
Wenigstens die Frontalansicht im Spiegel stimmt.
Pupille, Pupilla.
Pupille kommt vom lateinischen Wort für Püppchen, hat Fred neulich erzählt. Bestimmt war's Fred. Pupilla, Püppchen, Pupille. Weil man sich selbst in den Augen seines Gegenübers als Miniaturausgabe – Püppchen – gespiegelt sieht.

Ich hab einen Dorsday im Auge!
Wenigstens der Püppchen-else geht's gut, du weißt, was du zu tun hast?
Anziehen, in Form bringen.
Nichts passt.
Bauchgefühl?
Das wäre jetzt wichtig.
Hallo, ist da noch wer?
–

Straßenbahn. Gelbblau gemusterte Sitzbezüge.
Ich will nicht wissen, wer hier schon alles gesessen hat.
Den Rucksack auf den Oberschenkeln.
Musik auf den Ohren.
Bass
Becken
Bass
Alles gut
Haltestelle. Ein Typ steigt ein und setzt sich neben mich auf den Vierer. Ihm ist bequem in seiner Haut. Er ist groß, er macht die Beine breit, die brauchen Platz, weil sie riesig sind. RIESIG. Er streckt sie also in meinen Sitzbereich hinein.
Ah, so ist es gut.
Oookay.
Und jetzt? Was soll ich jetzt machen?
Ihn fragen: Können Sie mal Ihr Bein da wegnehmen, bitte?
Was, wenn er dann pampig wird?
Einfach aushalten und wegrutschen, Rucksack und Schenkelknäuel an der Straßenbahnwand?
Fühlt sich nicht gut an.
Demonstrativ selbst meine Beine spreizen?
Im roten Kleid, was sollen die Leute ….

Ich rutsche also auf meinem Sitz und quetsche mich erst mal weg, weil ich den Typ nicht berühren will, was ich aber müsste, wenn ich normal sitze, und ich überlege, hin und her und nochmal hin und her, und erst Mut, dann schüchtern, dann Entschuldigung, dann Wut …
Die Bahn hält an.
Der Typ steigt aus.
Tschüss, sagt er.
Ich lächle freundlich zurück.

Keine Entscheidung ist auch eine Entscheidung.
Nichts tun ist auch eine Handlung.
Ein Lächeln ist ein Lächeln ist ein Lächeln.
Punkt.
Aber ich habe immerhin niemanden gestört. Das denke ich mit latenter Ironie, finde den Fehler, elsefeigling mit dem Hasenherz.
Wegducken ist leicht, Verständnis ist leichter, mein Lächeln ist ein Reflex.
Weil's das Bild nicht stört wie gespreizte Beine im Kleid oder eine direkte Ansprache, eine Frage, eine Forderung. Beine weg, oder ich schieße.

Ich mag das rote Kleid. Ich trage es am liebsten, wenn ich alleine bin.
Oder wenn ich mit Cissy Blicke sammeln spiele in der Stadt.
Wie immer?
Wie immer. Wer die meisten Blickkontakte hat, gewinnt.
Wir warten.
Schau mal, hier, Flirttipps. Ich lese vor, okay.
Ja.
»Wenn dir ein Junge gefällt, schaue ihn nur lang genug an, und lächle, irgendwann spricht er dich an. Er möchte

dich erobern. Lass ihm diesen Spaß. Du musst gar nichts tun.«
Der hier?
Okay.
Blickkontakt.
Play.
Mein Gefühl verändert sich.
Die anderen wissen etwas über mich, was ich nicht weiß.
Die anderen können mich im Ganzen sehen.
Anerkennung, Nicken, Gefallen, ein Kompliment.
So ein weicher Gang, sagen sie, und mein Gang wird weich.
So schönes Haar, sagen sie, und es fließt mir um die Ohren.
So schöne Brüste, denken sie, und ich vergesse mein Bauchgefühl zugunsten der allgemeinen Aufmerksamkeit, ich will baden im Gefallen, will alles dafür tun und gar nichts, wenn es das ist, was von mir verlangt wird, wenn ich nur …
Du hast gewonnen!
Das war leicht.
Der Nächste geht auf mich.
Cissy liest weiter.
»Du musst etwas aus dir machen.«
Was denn?
Eine erfolgreiche Ärztin?
Einen guten Menschen?
Eine hübsche Frau?
Die Werkzeuge, die das Magazin zu seiner Aussage präsentiert, entsprechen Letzterem.
Lidschatten, Wimpernverlängerung, Epilierer.
Aua. Muss das sein?
Werbung: »Ich steh' mit beiden Beinen fest im Leben. Da kann ich kein Stoppelfeld gebrauchen.«

Anscheinend ja.
Falle ich mit Haaren an den Beinen etwa um?
Brauche ich epilierte Beine, um Ärztin zu werden?
Brauche ich epilierte Beine, um ein guter Mensch zu sein?
Bin ich ohne epilierte Beine keine richtige Frau?
Was ist wohl anstrengender: Frau sein oder ein guter Mensch werden oder Medizin studieren?

Sei's drum. Ich wäre eh lieber ein Mensch, glaube ich.
Ich wache ja auch nicht morgens auf und rufe: Hurra! Ich bin ein Mädchen!
Das kommt immer erst später am Tag.
Am Morgen bin ich Körper, bin ich Haut, funktioniert alles, gähn und wunderbar und Brüste auch und eine Vagina mit Flüssigkeiten in rot und weiß.
Zufall, Zufall, Zufall. Ich wäre doch auch else mit einem Penis, oder?
Ändert meine Vulva alles?
Diese Brüste?

Ich nehme das alte Hemd von Bertha. So. Bisschen Rouge noch. Fertig.
Die Sicherheit ist weg. Ich hätte jetzt lieber weniger Lücken.
Masse Mädchen.
Als Mensch hätte man auf die Welt kommen sollen.

17
Die Lichterketten auf der Terrasse gehen an, bezaubernd.

Das Gras wirkt leicht feucht, so neongrün wie Freds Textmarker.
Wiese, Wiese.
Wo ist Dorsday?
Da bist du ja, else. Geht es dir besser?
Paul. Paul. Ich bin froh, dass du da bist.
Suchst du etwas?
Da.
Voilà, der Mann von Welt am Rand der Terrasse. Er hält sein Weißweinglas, wie es ihm gefällt, das Pfeifen auf Konventionen gehört wohl zu seiner Attitüde, tütütütütü. Ihr geht mich alle nichts an! Das alles hier, geht mich nichts an, kommt, wir trinken ein Glas!
Haha!
Hübsche Menschen um ihn herum, ein Kunsthändler verkauft ja auch Emotionen, verkauft Erlebnisse, verkauft ein Gefühl für die Welt, bei dem keine Wünsche offen bleiben. Das war schon immer so, wo Dorsday auftaucht, sind bald alle Freunde,
Freude,
Götterfunken.
Wer ist denn dieser Typ, den du da so anstarrst?
Entschuldige.
Wer ist das?
Ein alter Freund meines Vaters.
Gefällt der dir?
Nein, nicht wirklich.
Ist schon bisschen auffällig, wie du ihn anstarrst. Und er sieht gut aus …
Ja, er ist ein echter DILF.

Ein DILF?
Ja, ein Dad I would like to fuck.
Nicht dein Ernst jetzt.
Meinst du MILF ironisch?
Was ist denn los mit dir?
Tut mir leid.
Willst du ihm aus dem Weg gehen oder warum sitzen wir hier hinten im Schatten und streiten uns über so einen Blödsinn?
Vielleicht sollte ich es einfach hinter mich bringen. Jetzt hingehen, lässig.
Hey D, hast du auch ein Glas Weißwein für mich? Um der alten Zeiten willen. Übrigens. Prost, ja. Es gibt da was, ja Kleinigkeit, du, ich bin da ganz deiner Meinung, aber hey, 30.000, die schüttelst du doch aus dem linken Ärmel, tütütütütü. Danke! Man sieht sich! Chin chin!
Oder: Hallo, gut siehst du aus, alter Freund, schon Bekanntschaft geschlossen, wie immer? Auf ein Wort?
Oder auch zwei?
Ich fasse mich kurz: dreißigtausendeuro?
Ich könnte auch erst mit Cissy und Paul etwas essen. Pizza zum Beispiel. Ich spritze mir Tomatensauce auf das helle Hemd. Lache perlend, hast du eine Zigarette für mich? So, und jetzt Splatter-Movie. Her mit der Kohle. Sonst geschieht ein Unglück.
Bei diesen schauspielerischen Höchstleistungen werde ich womöglich noch entdeckt, bestimmt kennt Dorsday-everybodys-Darling mittlerweile auch Leute beim Film, die sind wahrscheinlich amüsanter als die Dramen im Elternwohnzimmer.
Erfundenes ist irgendwie leichter auszuhalten.
else, hörst du mir überhaupt zu?
Was hast du gesagt? Wo ist Cissy überhaupt?
Ich weiß es nicht. Sie kommt bestimmt gleich. else, ich

wollte dich fragen. Wegen gestern.
Ja?
Also … Ich fand das schön.
… Ich auch.
Das Kribbeln, das Kribbeln, das Kribbeln überall.
Ü-ber-win-dung.
Ich wäre gern alleine mit dir.
Puh.
Die Reste der Welt?
Ja.
Wir beide?
Ja.
Wie kann einem nur langweilig werden bei so vielen Geheimnissen?
Mein Bauchgefühl ist ein unausweichlicher Fakt, Paul.
Ich bin froh, dass
du
du
du
da bist.
Zärtlich transparente Haut.
Nähe
Näher
Nächster
Zungenspitze, wie süß bist du?
Jetzt?
Paul?
Jetzt?
Ja?
Ja?
Ja?

18
Look at me on me an mir herunter

Hallo else.
Oh, hallo Dorsday.
Ungünstiges Timing?
Paul, ich muss noch eben etwas erledigen. Ich bin gleich wieder da.
Kein Problem. Da kommt Cissy. Ich geh' mal zu ihr. Soll ich dir schon eine Pizza bestellen?
Quattro Stagioni?
Okay. Bis gleich.
Die Weingläser in Dorsdays Hand sind beschlagen.
Willst du?
Danke.
Auf dein Wohl.
Auf deines.
Auf die alten Zeiten.
An die du dich nicht erinnerst.
Doch, doch, der Goldregen.
Scheint heute nicht bei dir angekommen zu sein.
Ich mach' mir nichts draus.
Das ist gut so, else. Gut so. Siehst gut aus,
auch so,
genau so,
gerade so.
Der mustert mich wie Madam die Stoffproben im Inneneinrichtungsbüro, nur irgendwie gieriger und weniger sesshaft.
else, jetzt reiß dich zusammen.
Gehen wir ein Stück?
Warum nicht?
Warum schon?
Ich beneide dich.

Ich dich nicht.
Warum?
Weil du vorhersehbare Altherrenwitze machst auf deine alten Tage. Lass das. Und hör auf zu lachen.
Er hat wieder gespielt, oder?
Und verloren. Diesmal ist es endgültig, wenn er nicht irgendwie Geld beschafft,
diesmal,
diesmal:
Gefängnis,
Schloss, Riegel, Gitter und hinter uns die guten Zeiten.
Ärztin willst du werden, else?
Was hat das damit zu tun?
Ach, nur so.
Dorsday, ich finde das selber blöd.
Was denn, komm, mir kannst du es doch sagen.
Meine Mutter meinte, ja, und ich weiß auch nicht, warum sie nicht selbst herkommt, wenn es so wichtig ist, aber andererseits, das Gefängnis überlebt mein Vater nicht, du kennst ihn ja, er ist sowieso schon so deprimiert, kurz …Du kannst es dir ja denken.
Sag's.
Warum?
Ich möchte es aus deinem Mund hören.
Geld.
Genauer?
Meine Eltern brauchen Geld und meine Mutter schrieb, du hättest grade einen großen Verkauf gehabt und weil es doch diesmal,
diesmal,
das letzte Mal ist, hat sie gefragt,
sie hat gefragt,
ob ich dich fragen kann,
ob du dem Papa vielleicht …

Wie viel?
… 30.000 Euro, nicht viel, überweisen könntest.
30.000 Euro.
Bis morgen Mittag.
Genau.
Goldregen, Geldsegen.
Das letzte Mal war auch schon das letzte Mal.
Wie?
Glaubst du ihm?
Ich …
Bist unsicher.
Das Hemd erfüllt nicht seinen Zweck.
Ich werde, was er sieht, Masse Mädchen.
Hör mal.
Du.
Ich will wirklich nicht …
Sag nichts mehr,
vergiss es einfach.
Vergiss dich selbst.
Wäre schade um dein Studium, oder, else.
Ach, das geht auch so.
30.000 Euro.
Ich würde nicht fragen, else, wenn du nicht so …
Ja was?
… umwerfend …
Ich …
Seine Pupillen sind riesig.
Dorsday hat eine else im Auge!
Sag nichts,
denk drüber nach.
Ich will nicht viel.
Wär ja schade.
Ärztin, Medizin, dafür braucht man Zeit.
Und am besten Geld, damit man die Zeit in Ruhe mit

Lernen verbringen kann.
else,
else,
else,
noch ein Glas Wein?
Schau, die Wiese, die Berge, die Bäume, der See,
sie alle werden sich vor dir verbeugen.
Lass den Kitsch und sag, was du willst.
Dich nackt.
Ohne dieses Hemd.
Nur sehen.
Um der alten Zeiten willen,
und um der neuen.
Süß, der Wein.
Trink, denk nach.
Ich möchte Dreckskerl zu ihm sagen,
else, jetzt sag was.
Ich beobachte Pupilla-else in Dorsdays Augen,
jetzt reiß dich zusammen, sage ich ihr.
Beleidige ihn.
Hau ihm eine rein.
Sei klar.
Sei konsequent.
Zeig ihm, was nackt sein heißt.
Pupilla trinkt.
Denk! Nach!
Sie lächelt.

19
Es ist nichts passiert.

Es ist nichts passiert.
Es ist nichts passiert.
Es ist nichts passiert.
Es ist ja gar nichts passiert.
Es ist nichts passiert.
Ein Finger kratzt an meinem Schienbein. Es ist mein eigener.
Ein Fuß rollt ab und geht weiter. Es ist mein eigener.
Eine Hand streicht mir die Haare aus der Stirn. Es ist meine eigene.
Laue Luft!
Es ist nichts passiert.
Nichts passiert.
Gar nichts.
Wald, hm.
Weißwein, süß.
Fingerfußhand.
Meine Pizza wird kalt! Paul hat mir doch eine Pizza bestellt, die wird doch kalt!
Es ist nichts passiert.
Es ist alles anders.
Es ist nichts passiert.
Es ist alles anders.
Dorsday hat mich mit Worten in Stücke gehauen.
Fragments of a girl.
Hallo, hallo Welt, hier spricht
else
else
else
else
else

else
else
else
else
…

20
Erfundenes ist irgendwie leichter auszuhalten.

Szenario 1:
Wo ist else, Paul?
Das weiß ich nicht, sie hat gesagt, sie sei gleich wieder da und wir sollten ihr schon mal eine Pizza bestellen.
Und dann?
Ist sie mit diesem Typen da ein Stück den Waldweg entlang.
Dem da?
Kennst du ihn?
Das ist Dorsday.
?
Sie kennt ihn von früher. Er war mit ihren Eltern befreundet.
Da kommt sie!
So, Dorsday. Ich habe nachgedacht. Meine Antwort ist: du Arschloch.
Ich habe getwittert. Den Hashtag kannst du dir denken.
else, mein Kind, was habe ich mir nur dabei gedacht.
Das hätten wir nie von dir verlangen sollen.
Wir ziehen natürlich gegen Dorsday vor Gericht.
Und das mit dem Geld, das kriegen wir schon irgendwie hin.
Ja.
Irgendwie.
Irgendwann.
Wann?
Wann?
Wann?
Papa, nicht den Mut verlieren.
Ich kann nicht mehr, else, meine Süße, ich kann nicht mehr, ich habe alles verloren, alles, wofür ich mein

Leben lang gearbeitet habe.
Ich habe Angst um ihn.
Ich ja auch, Mama, aber was sollen wir denn machen.
else, kommst du heute Nachmittag vorbei?
Ich kann nicht.
else, gehen wir am Samstag in den Club?
Das geht nicht.
else, willst du mit mir alleine sein?
Janeinja.
Papa?
Papa?
Warum sagst du denn nichts mehr?
Es gibt nichts mehr zu sagen. Das Spiel hat mir das Genick gebrochen.
Nein, nicht das Spiel, du selber könntest doch …
Knack.
Papa, warum hast du das getan.
Knack.
Knack.
Knack.
Cut

Szenario 2:
Dorsday, ich habe nachgedacht. Komm.
Pupilla-else, dein großer Auftritt.
Aber glaub nicht, ich hätte irgendetwas damit zu tun.
Was hat schon ein Blick darüber zu bestimmen, was er sieht.
Danke für die Überweisung.
»Das Wetter ist schön und ich unternehme …«
Cut

Szenario 3:
else, schön, dass du wieder zu Hause bist.

Möchtest du ein Glas Erdbeerlimonade?
Ich habe mich vor Dorsday ausgezogen für dich, Papa.
Was?
Nein.
Doch.
else!
Tränen!
Schuld!
Schmutz!
Versager! Wer?
Hier das Geld. Erst mal in die Kanzlei, nach dem Rechten sehen?
Es ist gar nichts passiert.
Geheimnis: Mein Bauchgefühl ist kein unausweichlicher Fakt mehr.
Aber das kann ja niemand sehen und vorher hat auch noch keiner danach gefragt.
Also ist ja gar nichts passiert.
Hallo?
Hallo?
Ist da noch wer?
–
Cut

Szenario 4:
Was habt ihr euch bloß dabei gedacht!
Alle Teller fliegen gleichzeitig an die Wände!
All das habt ihr nur euch selber zuzuschreiben, ihr Eltern ihr!
Kriegt endlich euer Leben in den Griff!
Cut!

Szenario 5:
Krasse Geschichte.

Ja.
Und, hast du es gemacht?
Cut

Szenario 6:
Es war das letzte Mal!
Cut

Szenario 7:
Ein Jahr später.
Das »letzte Mal« ist verschoben auf den Sankt Nimmerleinstag. Geld fehlt.
else, rede doch nochmal mit D…
Cut

Szenario 8:
Bertha?
Ja?
Es ist ein Notfall.
Komm her.
Ich habe alle meine Sachen schon dabei.
Hat dich jemand gesehen?
Nein.
Gut so.
Du sagst niemandem, dass ich hier bin, okay?
Natürlich nicht. Wir könnten deinen Namen ändern.
Gute Idee.
Wie willst du heißen?
Ein Allerweltsname. Was ganz Normales. Und dann schreibe ich mich an der Uni ein.
Im Club wird jemand für den Tresen gesucht, hast du Lust?
Ja.
Ja.

Ja.
Cut

Szenario 9:
Was aus meinen Eltern geworden ist?
Aus Dorsday?
Aus dem Prinzessinnenschloss?
Das interessiert mich nicht.
Paul?
Cissy?
Ich hoffe, sie sind zusammen … Ich hoffe, es geht ihnen gut, ich …
Cut

Szenario 10:
Splattermovie.
Ich muss sie jetzt leider alle erschießen.
Hasenherz adé.
Cut

Szenario 11:
Meine Memoiren, verfasst im Gefängnis:
»Hör immer, wirklich immer auf dein Bauchgefühl.
Das ist sehr wichtig.
Es gibt keine anderen Fakten in solchen Fragen.
Niemand hat das Recht, darüber zu urteilen, wie du dich in deinem Körper fühlst.
Du entscheidest, wie du liebst. Du entscheidest, wann und wie du …«
Cut

Szenario 12:
Kalenderblattsprüche. Ich schaffe es nicht einmal, meinen eigenen Rat zu befolgen.

Phrasen, nichts als Phrasen.
Es sind zu viele Gefühle in meinem Bauch.
Sie wollen alle etwas anderes.
Du hast doch noch alles vor dir!
Ja, wirklich, so eine kluge junge Frau.
Was machen denn deine Studienpläne?
Stell dich doch mal aufrecht hin, zeig doch, was du kannst!
Warum hast du nur so wenig Vertrauen in dich selbst?
Du hast es doch in der Hand.
Ich weiß nicht genau, wo es wehtut.
Wenn ich nur wüsste, wo es wehtut.
Cut
Nein, ich habe keinen Appetit.
Cut
Der Schmerz ist eindeutig, das tut gut.
Cut
Nein, ich möchte auch heute keine Pizza essen, danke.
Cut
Cut
Mach mal probehalber wieder die Augen zu, elsie, Zuckerpuppe.
Schaffst du es wieder, dich selbst zu vergessen?
*
Cut
*
Cut
*
Cut
Cut
Cut

21
Sind das jetzt diese »Waffen der Frau«?

Das Lächeln muss weg.
Sofort.
Mit so einem Lächeln lässt es sich nicht leben.
»Lächle, irgendwann spricht er dich an. Er möchte dich erobern.«
Klebriges Zeug.
Im Bergsee abwaschen.
Abschrubben.
Ertränken.
Gefährlich, diese Waffen.
Fragt sich nur, für wen.
Was ist eine Waffe wert, die sich im Zweifelsfall gegen ihre Trägerin richtet?
Harakiri!

22
Buccinator, großer Kaumuskel, bist du auf meiner Seite?

Bio-Leistungskurs.
Gute, gute Vorbereitung auf ein erfolgreiches Medizinstudium.
Der Musculus buccinator ist der große Kaumuskel.
Fühlt mal selbst, an eurer Wange, da wo Ober- und Unterkiefer ineinandergreifen.
Da ist eine Erhebung. Das ist der Buccinator.
Meiner ist gerade etwas in Alarmbereitschaft vom vielen
Lächeln
Lächeln
Lächeln
Lächeln
Lächle doch mal
Du bist viel hübscher, wenn du

Ich halte das Lächeln mit aller Kraft unter Wasser.
Wenn ich erst Medizin studiere, werde ich diesen hochgefährlichen Reflex überprüfen.
Es wird eine groß angelegte Studie sein, weltweite Beachtung, über ein von mir entdecktes Phänomen:
den Lächel-Reflex.
Die Ausgangssituation: Unsicherheit, Überrumpelung, Ungläubigkeit.
Und zack: Buccinator am Start.
Das Lächeln zuckt ein letztes Mal im Bergsee auf.
So, Buccinator, das wäre erledigt.

Beißen wir jetzt die Zähne zusammen und sehen der Realität ins Auge.
Ich habe eine neue Aufgabe für dich.

Diesmal geht es um Fakten, Fakten, Fakten.
Wiederhole, was ich dir sage:
Dorsday hat versucht, sexuelle Handlungen von mir zu erpressen. Jetzt du.
Dorsday hat versucht, sexuelle Handlungen von mir zu erpressen.
Genau. Nochmal.
Dorsday hat versucht, sexuelle Handlungen von mir zu erpressen.
So.
Dorsday hat versucht, sexuelle Handlungen von mir zu erpressen.
Schritt für Schritt für Schritt.
Spuren im Waldboden.
Spuren in der Wirklichkeit.
Ich bin da.
Ich bin da.
Ich bin immer noch da.
Ganz sicher.

23
Dorsday hat versucht, sexuelle Handlungen von mir zu erpressen.

Wow, else, du Arme.
Ich weiß gar nicht, was ich sagen soll.
Brauchst du irgendetwas?
Paul, Cissy, Bertha, Fred. Was würde ich nur ohne euch machen.
Und jetzt willst du öffentlich darüber sprechen?
Finde ich richtig.
Mach das, auf jeden Fall.
Ja.
Vorhin fandest du ihn doch noch ganz gut.
JETZT NICHT MEHR.
Verständlich.
Absolut verständlich.
Ja.
Und … was genau willst du sagen?
Dorsday hat versucht, sexuelle Handlungen von mir zu erpressen.
Dass er dich nackt sehen wollte.
Genau.
Ja.
Da stehst du doch drüber.
Was?
Immerhin ist ja nichts passiert.
Es waren ja nur Worte.
Und Blicke.
Worte können auch Gewalt sein?
Und Blicke erst?
Ja.
Klar.
Also ich hätte halt Angst, dass dann alle darüber nach-

denken werden, wie ich wohl nackt aussehe.
Vielleicht denken sie, Recht hat er, der Gute.
Ist das jetzt dein Ernst?
Ist das nicht peinlich?
Deine Gefälligkeitshaltung ist echt gefährlich.
Ja.
Willst du gelten, mach dich selten.
Ich habe das Recht, dass alle erfahren, was Dorsday für ein …
Schwein?
… Schwein ist.
Mach dich rar und du bist …
… der Star, schon klar.
Was, wenn alle sich fragen, ob du es gemacht hast?
What?
Das werden sie nicht.
Ich werde sagen, dass ich es nicht gemacht habe.
Was spielt das für eine Rolle?
Du wirst der Polizei sagen, dass er dich gefragt hat, ob er dich für Geld nackt sehen kann, und dass du nein gesagt hast.
Genau.
Dann kriegt er höchstens eine Geldstrafe.
Oh, Lady Godiva.
Genau, macht ihm nichts aus. Und es ist eine starke Fantasie.
Was?
Letztlich ist es egal, ob du dich ausgezogen hast oder nicht, sobald du darüber redest, ist die Fantasie in den Köpfen.
Rape Culture.
Dorsday hat versucht, sexuelle Handlungen von mir zu erpressen.
Sie werden sich fragen, wie die Brüste aussehen, die

Dorsday sehen wollte.
Nein.
Alle werden dich durch seine Augen sehen.
Nein.
Du wirst erst so richtig zum Opfer, sobald du den Mund aufmachst.
Opfer? Ich will doch kein Opfer sein!
Naja … Wie soll das anders gehen, else?
Nein, ich klage *ihn* an. *Er* wird das Opfer sein.
Wie auch immer, wenn du ihn anklagst, ist das Ding jedenfalls in der Welt. Der Gedanke. Die Fantasie.
Deine neue Identität!
Gestatten, mein Name ist Fräulein …
Leiden Sie genug, Fräulein else?
Leiden Sie zu wenig?
Wie geht es Ihnen als Opfer?
Ich werde die Wahl haben, das muss doch möglich sein …
Und es ist ja nichts passiert, ich meine …
Nein!
Übrigens, was haben Sie getragen? Kleidung, meine ich?
Höre ich richtig?
Das ist doch peinlich …
Wir leben doch nicht mehr in den 50ern.
Finde ich auch.
Mach das, auf jeden Fall.
Bist du sicher?
Ja.
Ja.
Ja?
Dorsday hat versucht, …
Dorsday hat versucht, …
Dorsday hat versucht, …

Der Wald hat Augen, der Wald hat Ohren.
Über Dorsdays Gesicht schiebt sich
ein weiteres schiebt sich
ein weiteres schiebt sich
ein weiteres.
Wer in aller Welt ist diese Fratze mit den doppelten Augen und dem schiefen Mund, bei der man nicht sehen kann, wo sie anfängt und wo sie aufhört?
Mein Bikiniverschluss,
der Goldregen in unserer Straße,
meine Windeln.
Ist diese Fratze etwa dein Gesicht, Dorsday?
Raschelt es da im Gebüsch?
Komm raus! Dorsday, dann zeig dich wenigstens!
Steh deinen Mann!
Sei doch nicht so ein Mädchen!

24

else, sei so lieb und bring der Oma doch einmal die Fernsehzeitung, danke, du bist ein braves Mädchen.

Bist du traurig? Weinst du? Komm' her, Süße, lass dich trösten.
Ich finde es ja auch schön, wenn meine Tochter gut gekleidet ist und hübsch.
Die Scheunentür, die hat bestimmt der Fred kaputt gemacht, else macht sowas nicht.
Hier, else, Prinzessin, bekommst du deine erste Barbie!
Ken auch, natürlich, was wäre Barbie denn ohne Ken?
Einen Puppenwagen! Den kannst du draußen spazieren fahren, klar!
Pinke Schnürsenkel, danke!

Wer ist die Frau aus Holz da oben auf dem Altar, Oma?
Das ist die Jungfrau Maria.
Und das Baby auf ihrem Arm?
Das ist Jesus.
Oma, was ist eine Jungfrau?
Das ist eine junge Frau, die brav und gut und unschuldig geblieben ist ihr ganzes Leben lang.

Zeitsprung.
Oma, wie kann sie denn Jungfrau sein, wenn sie ein Kind bekommen hat?
So etwas fragt man nicht.
Aber ernsthaft, glaubst du wirklich, sie hatte niemals Sex?
So etwas fragt man nicht.
Ach, lass ihr doch ihren Glauben.

Gegrüßet seist du, Maria, vor allen Frauen, der Herr ist mit dir.

else, ich sag's nur ungern, aber pass mal auf dich auf, wenn ihr gleich ausgeht, in diesem kurzen Rock.
Warum?
Wenn du nachts so alleine durch die Straßen gehst, könnte das gefährlich sein.
Warum gefährlich?
Fred, bring am besten du mal else nach Hause.
Aber was ist, wenn ich länger bleiben möchte?
Das ist mir egal, Fred bringt dich nach Hause. Zumindest, wenn du in diesem Rock raus willst.
Was hat mein Rock damit zu tun?
Das weißt du doch.
Nein?
Hör auf jetzt. Wenn ich zaubern könnte, wäre ich auch ganz woanders in der Welt.
Ja, dann sag es doch. Was ist das Problem? Dass ein Typ sich nicht beherrschen kann und meinen einsamen Heimweg ausnutzt?
else.
Ja, was, alle redet ihr um den heißen Brei herum, hier Selbstbehauptungskurse, da Fred-bringt-dich-nach-Hause. Nimm den Schlüssel mit den Spitzen nach außen in die Faust und hör in der Dunkelheit lieber draußen keine Musik. Wachsam bleiben! Aber um zu wissen, worum es geht, muss ich es doch benennen können, oder? Sexueller Übergriff.
else.
Vergewaltigung. So.

Fred, ich sag's nur ungern, aber pass mal auf dich auf, wenn ihr gleich ausgeht, mit deinen langen Haaren.

Warum?
Wenn du nachts so alleine durch die Straßen gehst, könnte das gefährlich sein.
Warum gefährlich?
Weil dich jemand für ein Mädchen halten könnte. Und wenn sie den Irrtum bemerken, dann ist es meistens schon zu spät.

Es raschelt überall.
Über Dorsdays Gesicht schiebt sich
ein weiteres schiebt sich
ein weiteres schiebt sich
ein weiteres
und heraus kommt der ominöse Unbekannte, der hinter dem Gebüsch lauert und auf wehrlose, junge Mädchen wartet.
Diese sind:
Cissy
Bertha
Sabrina
Malika
Fred in elses Minirock
Oma im schulterfreien Ballkleid
Papa mit langen Haaren
Pauls Hund mit Glitzerhalsband
else
else
else
someone

25
Cissy liest: Thema Morgensex.

Erdbeerlimonade.
»Manche Mädchen mögen morgens nicht so gern Sex haben.
Mundgeruch, verwirrte Haare, da kann sie sich schnell unwohl fühlen.
Für ihn dagegen, der stets mit einer frohen Latte erwacht, ist das alles gar keine Frage.«
Willst du auch Nagellack?
Nein, danke.
»Tipp: Stelle dir ein Glas Fruchtsaft und einen Haargummi neben dem Bett bereit.
So kannst du schnell einen Schluck gegen den Mundgeruch trinken und dir die Haare zusammenbinden.«
Gut, dass Bertha nicht da ist.
Warum?
Cissy schüttelt sich die Haare auf und trägt Top Coat auf.
Zum Schutz der Knallfarben.
»Wenn du dich ganz unwohl fühlst, dann wähle eine Stellung, bei der er dir nicht ins Gesicht sehen kann.«
Strobo
Sex steht im Raum!
Nähe
Näher
Nächster
Was ist jetzt mit der Zungenspitze, lass schmecken,
Paul.
Ja!
Ja!
Ja!

Cut! Halt! Warte!

Fühlst du dich auch hübsch genug?
Zensur Start:
erst mal die Frisur checken, erst mal kurz in die hohle Hand atmen, bitte!
Sitzt die Unterwäsche?
Ist das Make-Up auch nicht verschmiert?
Riecht nichts unangenehm?
Sind keine Körperflüssigkeiten da, wo sie nicht sein sollten?
Bewegst du dich auch weiblich, attraktiv, sexy genug?
Bist du nicht zu nah?
Bist du nicht zu weit weg?
Bist du nicht zu deutlich?
Bist du nicht zu undeutlich?
Bist du nicht zu erregt?
Aber auch nicht zu wenig?
To be continued.

Ich prüfe innerlich mein Spiegelbild und Paul denkt froh und selbstvergessen an seine Latte?
Ich finde mein Haargummi nicht und er denkt krampfhaft, sei froh, hab Lust, jetzt, sofort, 365 Tage im Jahr?
Sonst bist du keine richtige Frau.
Sonst bist du kein echter Mann.
»Du musst etwas aus dir machen.«
Was nochmal? Und für wen?
Cissy lächelt. Warum?
Hier, Tipps für den perfekten Blowjob. Soll ich weiterlesen?

Und die vermeintliche Passivität des jungen Mädchens spaziert Hand in Hand mit der Selbstzensur einem romantischen Sonnenaufgang entgegen.
#pink

#sunset
#soromantic
#fairytail
#ladygodiva
#Wennichzaubernkönnte,wäreichauchganzwoandersin-
derWelt

26
Landschaften rasen am Zugfenster vorbei.

Papa und ich essen Kekse.
Wir sind ja noch eine ganze Weile unterwegs.
Der Zug ist überfüllt. Weiter vorne eine Gruppe Fußballfans.
Eine junge Frau ist dazwischen gequetscht. Sie unterhalten sich.
Heeey!
Wart ihr auf dem Fußballspiel?
Ja, wir haben verloren.
Puh.
Was soll's.
Der Zug ist heute aber voll.
Wir werden schon heimkommen.
Prost.
Zugstop.
Leute steigen aus. Es gibt wieder freie Plätze.
So, ich setz mich dann mal da vorne hin, jetzt ist ja genug Platz. Gute Fahrt noch.
Danke! Tschüss!
Die junge Frau kommt gerade mal ein paar Sitzreihen weit.
Heey!
Jetzt wollte der Gerhard gerade Hand anlegen.
Die Fußballboys lachen froh und gemeinsam über diesen gelungenen Witz.

Erfundenes wäre leichter auszuhalten, ich hätte Vorschläge:
Lass das, das ist echt nicht okay, Gerhard, so kannst du nicht mit anderen Leuten reden.
Lieber etwas deutlicher? Gerhard, das ist übergriffig.

Oder, und hier bewegen wir uns auf dem Boden der deutschen Gesetzgebung: Gerhard, das ist sexuelle Belästigung. Du machst dich gerade strafbar.

Haben die Fußballboys Töchter?
Dreizehn, fünfzehn, achtzehn?
Dass sie ihre Töchter über alles lieben, das dürfte wahrscheinlich sein.
Dass sie nicht wollen, dass ihnen etwas Schlimmes passiert – darüber brauchen wir gar nicht reden, Gerhard, klar!
Dass sie ihnen leider beibringen müssen – mir wär's auch lieber …, aufpassen beim Rausgehen, hast du den Schlüsselbund dabei, Hans, du bringst deine Schwester nach Hause – wahrscheinlich.
Dass sie angesichts eines unbeherrschten ominösen Unbekannten sagen: Was ist das für ein Schwein.
Dass sie vielleicht sogar sagen:
Ne, wir würden sowas nie.
Das sind die anderen.
Schau, wie das Gebüsch schon wieder wackelt.
Raunend, vielleicht sind es die Flüchtlinge, ohweh!
Aber wir, wir passen auf auf unsere Töchter, Frauen, Prinzessinnen, bleibt mal besser schön drinnen.
Dunkelheit. Ohweh.
Internet. Ohweh.
Öffentlicher Raum. Hypervigilanz, meine Damen. Ohweh, ohweh, ohweh.

Papa, was sagst du dazu?
Will ich gerade fragen und ihm noch einen Keks anbieten.
Papa?
Ich muss mich irren?

Ich glaube, ich sehe nicht richtig?
Wie böse wäre ich dir, wenn du über dieser lebensfrohen jungen Männlichkeit, ganz unwillkürlich natürlich, leise schmunzeln würdest?

Kategorien:
- Zerstört
- Verheerend
- Bedrohlich
- Maumiau (Katzenjammer)
- Okay
- Gut
- Sehr gut
- Annähernd optimal
- Champagner
?

Gute Reise!

27
Das war doch nur Spaß.

Das ist doch nicht so schlimm.
Das hast du völlig falsch verstanden.
Es war doch nur gut gemeint.
Darüber habe ich noch nie nachgedacht.
Das wusste ich gar nicht.
Hm.
Da stehst du doch drüber.
Damit musst du dich doch gar nicht beschäftigen.
Ignorier die Idioten doch einfach.
Das sind doch Einzelfälle.
Jetzt lieber nicht diese Diskussion.
Das ist jetzt wirklich nicht der Moment dazu.
Sei doch nicht direkt so kratzbürstig.
Hast du keinen Humor?
Sei doch einfach mal ein bisschen gelassener.
Du musst ja nicht mitmachen.
Schau doch einfach nicht hin.
Schweigen.
Schweigen.
Schweigen.
Schweigen.

Lächle doch mal.

28
Lieber Papa,
die Antwort ist: verheerend.

Warum messt ihr, die Fußballboys und du, mit zweierlei Maß?
Tochter und Freiwild?
Findest du nicht, du machst dich ein bisschen unglaubwürdig damit?
Fred, bring else nach Hause, einerseits.
Hahahand anlegen, lustig, andererseits.
Schaffe Fakten, Fakten, Fakten:
Steh auf bei solchen Witzen, bei den kleinsten dieser Art.
Sei an vorderster Front mit mir und Bertha und dem Buccinator dabei, diese Anti-Waffen auf den Müllhaufen der Geschichte zu befördern.
Und wenn du schon mal dabei bist, nimm doch bitte das dazugehörige Frauenideal,
an dem schon
Emilia Galotti und Effi Briest,
die zeitgenössischen Heldinnen unserer Schullektüren,
jung! wehrlos! ehrlich! liebend! rein!
zugrunde gingen,
gleich mit runter.
Oh, Lady Godiva!,
danke.
Und wenn wir dann nicht gestorben sind, würden wir sicherer leben als noch heute.
Mach also hinne.
else.

Aber halt.
Problem.
Was ist denn dann mit dem Prinzen los?

Welche Aufgabe hat er denn noch zu erfüllen, wenn es niemanden mehr zu retten gibt? Wofür lohnt es sich denn dann noch zu kämpfen?
Problem schwillt an.
Was ist mit den Männern, die mit zweierlei Maß messen? Wie sollen die sich denn als »echte Männer« fühlen, wenn es keine körpersaftlosen Wesen mehr zu bewundern, beschützen, berühren gäbe, sondern Menschen?
Problem verhärtet sich.
Ist ein Mann nur dann ein Mann, wenn er Spaß am Erobern hat?
Brauchst du meine Nacktheit, damit du dich stark und mächtig fühlen kannst, Dorsday?
Ist es das?
Brauchst du dazu eine verletzliche, schöne, passive Lady Godiva? Womöglich, heilige Jungfrau Maria!, ist sie noch verschlossen mit einer körpereigenen Frischhaltefolie bis zum ersten vaginalen Geschlechtsverkehr?
Mann!
Macht!
Durchgestoßen!
Erster.
Ich bin Minna von Barnhelm und Luise Millerin, gute deutsche Leitkultur!
Und an welches Märchen glaubst du so?

Dorsday, du musst jetzt sehr stark sein.
Es gibt das »Jungfernhäutchen« genauso wenig wie das Christkind.
Tut mir leid, dich enttäuschen zu müssen.

29
Aber wenn's dir so eine Freude macht, dann drehen wir die Sache doch einfach um!

Was sagst du, Dorsday?
Tolle Idee, nicht wahr?
Du bist ja immerhin schon ein paar Jahre älter als ich, wahrscheinlich hast du nicht mehr ganz so oft die Gelegenheit wie früher, und für mich wäre das eine tolle Erfahrung, dich DILF mal genauer anzuschauen.
Ja, und dafür gibst du mir die 30.000 Euro.
Gerne.
50.000, weil die Idee so gut ist und du leider nicht selbst darauf gekommen bist?
Ja, auch in Ordnung.
Stell dir doch mal vor, wie schön das sein wird.

Das Sternenlicht über dir und mir.
Der Bergrücken hält dich.
Die Wiese umschmeichelt deine fünfundvierzigjährigen Knöchel.
Ich bleibe im Schatten der Bäume stehen und rauche vielleicht, in bester Clubsesselmanier.
Du stellst dich im Mondlicht auf die Lichtung und entblätterst dich langsam, Hemd, Hose, alles,
und dann stehst du einfach da und genießt
meinen Blick.
Der dich mustert von oben bis unten.
Nein, du musst gar nichts sagen, schweig einfach.
Sei schön.
Lausch den Geräuschen des Waldes, entspann dich, geh auf in der natürlichen Ordnung der Berge.

Ich bin eine genaue Beobachterin.

Ich interessiere mich für Menschen, das ist sozusagen eine Berufskrankheit, weißt ja, Ärztin werden und so. Körper interessieren mich. Da geht es ja auch um Emotionen, um Erlebnisse, um ein Gefühl für die Welt.
Und ich werde mir deine Haut anschauen.
Mit allen Falten.
Deine Geheimratsecken.
Oh, ist da etwa ein bisschen Speck zurückgeblieben auf den Hüften vom jahrelangen Feiern und anstrengenden Arbeiten, verbrennt man beim Besteigen der Karriereleiter keine Kalorien?
Jedes einzelne Schamhaar könnte ich in Augenschein nehmen.
Sezieren.
Vergrößerungsglas.
Du hast ja Gänsehaut.

Wie jetzt, das ist nicht dasselbe?
Wieso ist das nicht dasselbe?
Anschauen – angeschaut werden.
Macht doch beides Spaß.
Hast es mir doch gerade noch als Kompliment verkauft.
Nicht so angenehm?
War doch nicht so ganz das, was du dir vorgestellt hattest?
Soll ich lieber noch paar Leute mitbringen, hättest du gern ein größeres Publikum?
Nein, nein?
Dann frage ich mich:
Was hattest du dir denn vorgestellt?
Ein Strahlendes: Natürlich, das machen wir sofort, und das dünne Hemd fliegt malerisch durch die Nachtluft und wird von dir aufgefangen, während das Mondlicht elses Brüste küsst und sie haucht »endlich«?

#soromantic?
Hast du den Schimmel auch schon vorbestellt, Dorsday?

Entspann dich einfach.
Jetzt deine Augen.
Sieh mich an.
Die Dinge ändern sich nämlich, wenn du ihr wahres Gesicht kennst.
Da ist es völlig egal, wie oft du sie vorher gesehen hast oder wie gut du sie zu kennen glaubst.
Vertrau mir.
Sieh mich an!
So ist es gut.
Wenn du jetzt ganz genau hinschaust, wirst du dich selbst in meinen Pupillen gespiegelt sehen.
So wie du eben bist,
in meinen Augen.
Klein.
Nackt.
Ein warmer, weicher, harter, gesunder, kranker, starker, schwacher Körper.

30
Ich bin bloß ein wenig erregt.

Das ist doch selbstverständlich, bevor man zum zweiten Mal auf die Welt kommt.
Bei meiner ersten Geburt hieß es: Hurra, es ist ein Mädchen.
Sie haben eine Tochter.
Ich bin so glücklich.
Wie willst du sie nennen?
else.
else, kleine else, willkommen zu Hause, willkommen in der Welt.
Glaube ich zumindest.
Erinnern kann ich mich ja nicht.
An nichts kann ich mich erinnern.
Ihr wart es, könnte ich sagen. Ihr habt mich dazu gemacht.
Was in mir vorgeht und wühlt und Angst hat, habt ihr euch darum jemals gekümmert?

Dorsday wechselt mir die Windeln.
Hurra, es ist ein Mädchen.
Dorsday erzählt mir die Geschichte vom Goldregen.
Geldsegen.
Dorsday schließt mein Bikini-Oberteil.
Schau genau hin, else.
Dorsday haut mich mit Worten in Stücke.
Haben Paul und Cissy meine Pizza längst geteilt und aufgegessen?
Keine Handlung ist auch eine Handlung.
Die schweigende Mehrheit glaubt an das Märchen vom Einzelfall.
Wie kann ein Schweigen, ein Schmunzeln, ein Lächeln,

fehl am Platz,
wer ist hier fehl am Platz,
nur so
OHRENBETÄUBEND
laut sein.

Außerhalb dieses Schweigens ist alles anders.
Alles neu.
Alles unberechenbar.
Meine Erinnerungen lösen sich auf und verknüpfen sich neu.
Man muss suchen,
suchen nach einer Sprache, die …
Ist Wasser flüssig?
Hält meine Muttersprache ein neues Denken aus?
Wo liegen all die Prinzessinnenschlösser?
Wie dehnbar ist Zivilisation?
Wer sind meine Freundinnen?
Wie schmeckt Pauls Zungenspitze?
Welche Küsse schmecken mir?
Ist Gewissheit immer eine Illusion?
Was ist ein Mensch?

31
Terrasse, die (Substantiv, feminin)

Hotel, das (Substantiv, neutrum)
riesig (Adjektiv)
Zauberburg, die (Substantiv)
ich (Personalpronomen)
vernünftig (Adjektiv)
Es ist schön
ein (Artikel)
weich
warm
hart
gesund
krank
stark
schwach (Adjektive)
Körper, der
sein (Verb)
Ungewissheit, die
sprechen
Ich spreche:

Dorsday hat versucht, sexuelle Handlungen von mir zu erpressen.

Else! Endlich!
Die Menge atmet erleichtert auf.
Die Lichterketten fangen an zu blinken.
Es ist alles da.
Musik
Strobo
Beat
Bertha!

legt auf der Terrasse auf! Wie kommst du denn hierher?
Bertha umarmt mich,
du,
du,
du,
zärtlich.
Cissy bringt Pizza und Pralinen.
Musst du auch auf die Toilette?
Möchtest du meinen Lippenstift probieren?
Du siehst gut aus.
Paul!
Cissy!
Ping! Pong!
Echte Herzen,
warme Küsse.
Fred! In Elses Minirock!
Kann ich den haben?
Steht dir.
Wir haben dir dein rotes Kleid mitgebracht, Else.
Das Kribbeln, das Kribbeln, das Kribbeln überall.
Hurra, rufen alle.
Hurra, es ist ein Mensch, jubelt die Menge.

Madam hat Handwerkerinnen in die Halle bestellt.
Froh schaben sie an den alten Tapeten herum und legen Schicht für Schicht
die darunter liegenden Flecken, Wandmoden und Schimmelfelder frei.
Sie machen dabei die Münder auf.
Was dir passiert ist,
Else,
ist
mir,
mir,

mir,
mir, mir auch!
Cissy auch!
Bertha auch!
Fred mit den langen Haaren auch!
Mir, mir, mir, mir, mir,
auch schon passiert.
Und es war kein Spaß.
Und es war doch schlimm.
Und ich habe das nicht falsch verstanden.
Und ich stehe da nicht drüber.
Nirgends eine »richtige Frau«, weit und breit kein »echter Mann«.
Frei!
Frei!
Frei!
Und sie steigen jubelnd auf die Balkone mit den schmiedeeisernen Geländern und lassen die alten Tapeten,
Fetzen für Fetzen,
in den Abgrund
segeln.

Vorschlaghammer?
Was feiern wir?
Wir trauern um die Gewissheit.
Ich schlage auf eine stuckverzierte Wand ein. Bäm.
Die Gewissheit ist leider gestorben, aber sie war ja auch schon sehr alt.
Bäm.
Sie wusste, dass sie nur noch eine Illusion war, ein Schatten ihrer selbst.
Bäm. Bäm.
Und weil sie es so gewollt hätte, feiern wir jetzt erst mal

die Ungewissheit.
Bäm. Bäm. Bäm.
Die erste Wand kracht ein.
Die zweite bald auch.
Die dritte.
Madam hackt mit aller Kraft und entwickelt unerwartete Kräfte dabei.
Ihr wird warm und sie wirbelt ihre Kostümjacke in den Abgrund, den alten Tapeten hinterher.
Ihr Haar ist verwirrt, ihr Gesicht staubig, sie strahlt:
Das hätte ich schon längst tun sollen!
Danke, Else!
Zerbrochene Giebelbögen.
Schrankholzsplitter Eiche hell.
Es knallt.
Hurra, es ist ein Mensch!
Es donnert.
Ein Mensch!
Die Lichter fliegen.
Hurra!
Feuerwerk.

Ganz oben auf der Dachterrasse erscheint jetzt:
Dorsday mit verwirrtem Blick.
Sei ein Mensch, Dorsday!
Sieh der Ungewissheit ins Auge.
Schaffst du das?
Die Aussicht: fantastisch.

Alle,
Hotelgäste,
Handwerkerinnen,
Madam,
Fred,

Cissy,
Paul,
Bertha,
und ich, Else,
ziehen uns langsam gemeinsam aus.

0
Nackt

Jetzt. Jetzt würde ich gerne lächeln.

Der Traum von der glänzenden Zukunft

»Sie haben uns ein Denkmal gebaut.«
Wir sind Helden, Die Reklamation

»I want you to panic.«
Greta Thunberg

PERSONAL

NEMUÄRT
GUSTAV
MARI
MALE
HERR KÜHN
IRIS
SCHULKLASSE
TAGESSCHAUSPRECHERIN
POLITIKER:INNEN
LURCHI
DER ELEFANT AUS DEM ÜBERRASCHUNGSEI
DIE ANGST
FEUERWEHRLEUTE
IRIS' MUTTER
IRIS' VATER
KINDERGEBURTSTAGSGÄSTE
AUTOS UND LKWS
MENSCHEN IN DER FABRIK UND IM SUPERMARKT
PLAKATE
MARIS TRAUM
GUSTAVS TRAUM
JEFF BEZOS' TRAUM
DER TRAUM MIT DEM WIENER SCHNITZEL
DIE TRÄUME ALLER ANDEREN
DER SIEBENZELLER
DER VIERZELLER

Hinweis
Die Auszüge aus der Tagesschau in Szene 6 stammen aus der Sendung vom 9. August 2021. Es können natürlich jeweils aktuelle Statements eingefügt werden.
Auch für das Geflüster in Szene 8 können aktuelle Ängste gesammelt werden.

1
Hochglanzprospekt

Umzugschaos. Alles voller Kartons.

NEMUÄRT Willkommen, Zukunft!
Herein in diese geräumige Dreizimmerwohnung,
herein in unseren hellen, ausladenden Flur.
Alle Jacken und Mäntel hängen selbstverständlich aufgeräumt nebeneinander:
Gustavs Wollmantel (Gustav ist mein Papa),
Maris Sportjacke (Mari ist meine Mama),
mein gelber Regenhut (schick, oder?),
und Males … etwas aus Strick.
Schuh an Schuh an Schuh an Schuh auf blitzblankem Parkett.
Bohnerwachs,
Möbelpolitur.
Tür
Tür
Tür
Tür
Tür
Tür
Tür
alle offen,
bitte schön!

Gustav wühlt in den Kartons,
Male und Nemuärt wuseln um ihn herum.

GUSTAV Habt ihr die Käsereibe gesehen?

Gustav findet einen Kochtopf, es scheppert.
Nemuärt findet einen Kochlöffel, es hämmert.
Mari kommt nach Hause und seufzt.
Sie wirft ihre alte Jacke auf den riesigen Berg Klamotten am Eingang.
Schuhe, Mäntel, alles durcheinander.

GUSTAV Was ist das jetzt wieder für ein Kram.
MARI »Hallo Mari, wie war's bei der Arbeit.«
GUSTAV Hallo. Was ist das?
MARI Kabel.
GUSTAV So viele?
Wie wär's mal mit Aussortieren?
Drei winzige Zimmer, vier wachsende Menschen?
Finde den Fehler?
MARI Ich kümmere mich, wenn hier alles fertig ist.
NEMUÄRT Wann streichen wir die Decke blau?
MARI Was sucht er überhaupt?

Gustav wühlt weiter.

GUSTAV Pampers!
MARI Kabelbinder?
NEMUÄRT Die Käsereibe.

2
Hast du schon

Abendstimmung.

NEMUÄRT GASTFREUNDSCHAFT, liebe Zukunft,
wird hier großgeschrieben,
nimm doch Platz an unserem neuen, blitzblanken Küchentisch.
Naja fast.
Fast neu.
Noch faster blitzblank.
GUSTAV Essen ist fertig. Nudeln ohne Käse.

Gustav und Mari sehr monoton,
sie vergessen Nemuärt und Male mehr und mehr.

MARI Hast du Male gebadet?
GUSTAV Wann denn?
MARI Oh Gustav.
GUSTAV Hast du eingekauft?
MARI Wann denn?
GUSTAV Ach Mari.
MARI Gustav, wann räumen wir
GUSTAV die Kartons aus, Mari?
MARI Hast du Stellenanzeigen
GUSTAV gelesen, nichts, Male weinte, ich musste.
MARI Haben wir noch?
GUSTAV Nein.
MARI Bald Sommerferien.
GUSTAV Griechenland.
MARI Eu-bö-a, eine Insel.
GUSTAV Zelt kaputt.
MARI Umzug teuer.

GUSTAV Sofa kaufen?
MARI Wovon?
GUSTAV Brauchen.
MARI Mehr Arbeit.
GUSTAV Mehr Zeit.
MARI Mehr …
GUSTAV Muss …
MARI Weiter …
GUSTAV Gehen …
MARI Irgendwie.
GUSTAV Hochhaus.
MARI Neu.
GUSTAV Baustelle.
MARI Geht's voran?
GUSTAV Risse im Fundament gefunden.
MARI Statik verschiebt sich.
GUSTAV Es bewegt sich.
MARI Etwas bewegt sich.
GUSTAV Da
MARI unten.
GUSTAV Unter
MARI uns.
GUSTAV Seufz.
MARI Seufz ebenfalls.

3
Sag doch

NEMUÄRT Alles wird glänzen.
Und blitzen.
Und strahlen.
Himmelblaue Decken.
Licht vor den Fenstern.
Bäume. Vogelgezwitscher.

Ich frage mal ganz vorsichtig:
Denkst du, du könntest dich hier wohlfühlen, Zukunft?
Du kannst ja auch noch mal eine Nacht darüber schlafen.
Das kann ich nicht.
Mein Name ist nicht umsonst Nemuärt.
Rückwärts träumen,
träumen rückwärts.
Ich habe seit Wochen nicht geschlafen.
Vor Unbehagen.
Vor Angst.
Aaaaaaa. ngggg. sssss. tttt.
Kehle zu.
So.

Aber hierher kann sie mir sicher nicht folgen.
Was für ein Geniestreich, ich habe Namen und Adresse gewechselt!
Empfängerin unbekannt verzogen.
Trautes Heim, Glück allein.
Drei Zimmer, Küche, Baby, Bad.
Alle Ängste müssen draußen bleiben.

Wenn ich jetzt noch die Zukunft auf meiner Seite hätte …

Sag doch. Sagen sie.
Wovor hast du denn solche Angst? Fragen sie.
Wieso fürchtest du dich? Fragen sie weiter.
Sag doch.
Sprich doch.
Lass doch.
Okay, okay, ich versuch's ja!
Ich versuch's!
Aaaaaaa. ngggg. sssss. tttt.
Angst,
Angst,
Angst,
Angst,
Angst,
Angst
vor …

4
Irgendwie weiter

Sehr schnell.

GUSTAV Stiftemäppchen!
MARI Pampers!
NEMUÄRT Blumentöpfe!
GUSTAV Kabelbinder!
MARI Bücher!
NEMUÄRT Zelt!
GUSTAV Wandfarbe!
MARI Winterstiefel!

Abendstimmung.

MARI Wenn wir erst alles ausgepackt haben, essen wir einen ganzen Teller Käse zum Ausgleich.
Gut?
GUSTAV Jetzt erzähl doch mal, Nemuärt.
Wie war dein erster Tag in der neuen Schule?

Nemuärt setzt an zu erzählen.
Male fängt an zu schreien.
Oje.
Gustav und Mari wieder monoton.

GUSTAV Seufz.
MARI Seufz ebenfalls.
GUSTAV Kannst du sie nehmen?
MARI Wir reden später, gut?
NEMUÄRT Später, gut.

Zukunft, du hast bestimmt viel zu tun.

Aber es wäre echt nett, wenn du dich kurz mal melden könntest.
Gefällt dir unsere neue Küche nicht?
Soll ich dir stattdessen vom ersten Schultag erzählen?

5
Spotlight

Nemuärt, die Neue, steht vor der erwartungsvollen Klasse.

HERR KÜHN *sehr jovial, sehr zuvorkommend, sehr von sich selbst überzeugt* Nemuärt!
Du musst Nemuärt sein!
Ich bin Herr Kühn, Lehrer und Klassenleitung,
Enchanté, und nur herein in die gute Stube!
Wir haben gerade Biologieunterricht und beschäftigen uns heute ….
… mit dem menschlichen Gehirn!
Glanzleistung!
Ich sage euch.
Nur wegen dieses einzigartigen Organs ist die Menschheit heute da, wo sie ist.
Es ist zu Höchstleistungen fähig.
Fortschritt, Wissenschaft und Innovation.
Moderne Medizin.
All das ist nur möglich durch diese Krone der Schöpfung,
die hoffentlich jeder und jede von euch im Schädel
– klopf klopf –
drin trägt
mit Stolz
und mit Ausdauer.
Würde man der Menschheit ein Denkmal bauen,
wäre es ein Gehirn.
Ich spreche hier nicht für mich, nein,
hinter mir
stehen Generationen abendländischer Genies,
die denken, also sind!
Denken, und noch mehr sind,

denken, und noch mehr sind,
denken und daran wachsen!
Sie haben *euch* ein Denkmal gebaut –
und es ist das menschliche Gehirn in der heutigen GRÖSSE.
Pulsierend.
Lebendig.
Groß und stark.
Macht was draus.
Nemuärt, willst du auch eins?

Herr Kühn reicht Nemuärt ein Arbeitsblatt.

NEMUÄRT Das Gehirn eines Neugeborenen wächst in den ersten drei Lebensmonaten jeden Tag um 1 Prozent.

Alle schauen irritiert.

HERR KÜHN Äh ja. Das kann sein.
Woher weißt du das?
NEMUÄRT Meine Schwester ist ein Baby.

Alle fangen an zu kichern.
Außer Iris.

HERR KÜHN Nun gut.
Stell dich doch am besten erst mal vor.
Wie heißt du?
NEMUÄRT Nemuärt.

Alle lachen.
Alle bis auf Iris.

NEMUÄRT Wie träumen auf rückwärts.

Alle lachen noch mehr.
Alle bis auf Iris.

HERR KÜHN Pscht.
Und was willst du mal werden, Nemuärt?
NEMUÄRT Ich verstehe die Frage nicht.
HERR KÜHN Was du einmal werden möchtest!
Lehrer, wie ich?
Bankberaterin?
Richterin?
Ärztin vielleicht?
Oder Feuerwehrfrau?
NEMUÄRT Ich verstehe die Frage nicht.
Ich bin doch schon jemand!

Alle johlen jetzt laut.
Selbst Herr Kühn kann sich ein resigniertes Schmunzeln kaum verkneifen.

IRIS Ich bin auch schon jemand.
HERR KÜHN Du auch noch, Iris!
Das ist doch eine tolle Hausaufgabe für euch alle.
Hefte raus, aufschreiben!
»Was willst du mal werden, wenn du groß bist?«
Und morgen stellen wir uns gegenseitig unsere Ergebnisse vor.
Schulglocke!

Alle strömen nach draußen.
Im Vorbeigehen steckt Iris Nemuärt heimlich eine Karte in die Hosentasche.

6
Schlaf gut

Nemuärt lässt sich auf den Kissenberg neben dem Esstisch fallen.
Kein Sofa.
Gustav versucht, ein Regal aufzubauen.
Mari summt nebenan Male in den Schlaf.
Fernseher läuft.

GUSTAV Hast du Hausaufgaben?
Hast du die gemacht?
NEMUÄRT Ja …
TAGESSCHAUSPRECHERIN Hier ist das Erste Deutsche Fernsehen mit der Tagesschau.

Jingle: da da dadadadaaa
Gustav versucht, die Aufbau-Anleitung zu entziffern (siehe Überraschungsei).
Fernsehbild: Tagesschau

TAGESSCHAUSPRECHERIN Guten Abend meine Damen und Herren, ich begrüße Sie zur Tagesschau.
Der Weltklimarat IPPC hat heute seinen Bericht zur Klimakrise vorgelegt.
Demnach erwärmt sich die Erde schneller als bisher angenommen.
GUSTAV Mist.
TAGESSCHAUSPRECHERIN Einzelne Folgen der Erderwärmung seien bereits jetzt unumkehrbar, etwa das Abschmelzen der Gletscher sowie der Anstieg des Meeresspiegels.
GUSTAV Scheiße.
TAGESSCHAUSPRECHERIN Hitzewellen, Starkregen und

Wirbelstürme werden den Berechnungen zufolge zunehmen.

GUSTAV Fuck!

TAGESSCHAUSPRECHERIN Als Konsequenz müssten die Emissionen von Treibhausgasen dringend reduziert werden.

GUSTAV Puh.

NEMUÄRT Warum geben die Leute Gas in ihre Treibhäuser?
Ist das gut für die Kartoffeln?

GUSTAV Nein, da geht's nicht um Gemüse.
Das Treibhaus ist eher – quasi die ganze Welt.
Alles zusammen.

NEMUÄRT Kann man das nicht irgendwie aufbrechen?

Bild: Rauch, brennender Wald.

TAGESSCHAUSPRECHERIN Wetterextreme wie zum Beispiel die verheerenden Waldbrände in Griechenland oder massive Überschwemmungen in Deutschland werden zunehmen. In den sowieso schon dürreanfälligen Gebieten dieser Erde haben auch Dürren bereits deutlich zugenommen. Nun müssen die Politiker:innen den Bericht aber auch ernst nehmen, denn darin steht:

Bild: Schmelzende Gletscher

TAGESSCHAUSPRECHERIN Der CO_2-Ausstoß muss drastisch gesenkt werden, sonst könne man die Erderwärmung nicht verlangsamen.

Bild: Pressekonferenz

POLITIKERIN IN DER TAGESSCHAU Dieser Planet schwebt in Lebensgefahr und mit ihm seine Bewohnerinnen und Bewohner.

Betroffene Stille

GUSTAV Warum bist du überhaupt noch auf?
Zeit fürs Bett, oder?
Zähneputzen?
NEMUÄRT Das ist jetzt der Moment.
Aaaaaaa. ngggg. sssss. tttt.
Ich … finde meinen Schlafanzug nicht!

Gustav gibt Nemuärt irgendetwas anderes, einen zerrissenen Tüllrock zum Beispiel.

NEMUÄRT Die Zahnpasta ist alle!

Gustav gibt Nemuärt eine neue Tube Zahnpasta.

NEMUÄRT Ich finde Lurchi nicht!
GUSTAV Bist du nicht ein bisschen zu alt für Kuscheltiere?
NEMUÄRT Aaaaaa.
GUSTAV Heute nicht?
Lurchi?

Gustav gibt Nemuärt ihr Kuscheltier.
Bild: Drei Feuerwehrleute mit roten Helmen, brennender Wald

SPRECHERIN Extreme Hitze und anhaltende Trockenheit haben derzeit im Süden Europas gravierende Auswirkungen. Die seit Tagen in Griechenland, Italien und der Türkei wütenden Waldbrände sind vielerorts nicht unter Kontrolle. Besonders dramatisch ist die Situation auf der griechischen Insel Euböa.

NEMUÄRT Ist das nicht da, wo wir im Sommer zelten wollten?

GUSTAV Ja …
Komm, ab ins Bett jetzt.
Schlaf gut, ja?
Träum was Schönes.

NEMUÄRT Ich habe …

GUSTAV Seufz.

MARI Seufz ebenfalls.

GUSTAV Bitte.

MARI Nicht schon wieder.

GUSTAV Versuch einfach zu schlafen.

MARI Gute Nacht.

7
Groß und stark werden

Provisorium: Nemuärts Zimmer.
Matratze auf dem Boden.
Die Wände sind dünn, man kann die Tagesschausprecherin weiter leise hören.

NEMUÄRT »Gute Nacht.«
LURCHI Bist du nicht ein bisschen alt für Kuscheltiere?
NEMUÄRT –
LURCHI Meinst du, sie kommt heute?
NEMUÄRT Ich hoffe nicht.
Empfängerin unbekannt verzogen.
Die Zukunft hat sich übrigens noch nicht gemeldet.
ECHO TAGESSCHAU Dieser Planet schwebt in Lebensgefahr und mit ihm seine Bewohnerinnen und Bewohner.
LURCHI Heißt »Bewohnerinnen und Bewohner« wirklich alle?
NEMUÄRT Ich fürchte schon.
TAGESSCHAUSPRECHERIN Und jetzt zum Sport. Bei einem Freundschaftsspiel zwischen …
NEMUÄRT Soll ich dir mal was zeigen?
LURCHI Klar.

Nemuärt geht ans Fenster und öffnet es.

LURCHI Toll! Halt mich mal höher!
Super Ausblick! Man kann die ganze Stadt sehen!
NEMUÄRT Und die Leute in den anderen Hochhäusern.
LURCHI Beeindruckend.
ECHO TAGESSCHAU/ANGST In Lebensgefahr …
NEMUÄRT Ich hab meine Hausaufgabe nicht gemacht.

LURCHI Was ist die Hausaufgabe?

NEMUÄRT Ich soll aufschreiben, was ich mal werden will.

ELEFANT AUS EINEM ÜBERRASCHUNGSEI *mit aufgepumptem Mukkiarmen aus Plastik* Also, wenn ich dazu auch mal was sagen darf.

LURCHI und NEMUÄRT Nein.

ELEFANT Ich finde, Herr Kühn hat recht.
Du solltest dir wirklich überlegen, was du mal werden willst.
Ich zum Beispiel, ich bin groß und stark. Das ist immer gut.

LURCHI Finde ich nicht.

ELEFANT Oma Gertrud sagt auch immer:
»Iss was, damit du groß und stark wirst.«

LURCHI Du bist nicht groß.
Du bist eine Figur aus einem Überraschungsei.

ELEFANT Nemuärt, ich könnte dein Glücksbringer werden!
Immer wenn du einen Test schreibst, stellst du mich vor dich auf den Tisch und denkst daran, was du alles erreichen wirst, wenn du groß bist.
Wir beide zusammen könnten …
ein eigenes Steuerberaterbüro eröffnen!
Aktienhändlerin werden!
Das ganz, ganz große Geld verdienen.
Du hättest ein Ziel.
Das würde die Angst bestimmt vertreiben.
Just say'in.

ECHO TAGESSCHAU/ANGST In Lebensgefahr …

Die nackte Glühbirne flackert einmal auf.

LURCHI Oh nein.

NEMUÄRT Da ist sie …
DER ELEFANT *versteckt sich hinter dem Wecker* Bis morgen dann!
NEMUÄRT Sie ist da!
Licht an, schnell!

Die Glühbirne geht zischend ganz aus.
Völlige Dunkelheit.

ANGST Leeeebensgefaaaaaahr ….

8
Freier Fall

Großer Angst-Auftritt.
Echtes Grauen.
Das Geflüster kann als Background während des Monologs immer weitergehen.

GEFLÜSTER Ich habe Angst, dass ich die Menschen, die ich liebe, verliere.
Ich habe Angst, nicht gut genug zu sein.
Angst, dass ich unheilbar krank werde.
Angst vor der Dunkelheit.
Angst vor Haien.
Angst, falsche Entscheidungen zu treffen.
Angst, in Lebensgefahr zu schweben.

ANGST Ich kenne keine Grenzen und keine Schwerkraft!
Vor mir kannst du dich nicht verstecken.
Da hilft kein Umzug.
Da hilft auch kein Kuscheltier.
Da hilft auch kein neuer Name.
Selbst wenn ich nicht alle Augen dieses Planeten zur Verfügung hätte,
dann hätte ich immer noch alle Nasen.
Ich kann deinen Schweiß riechen.
Ich ernähre mich von deinem Rotz,
wenn du erst allein bist,
wenn du heulst und schluchzt und nicht mehr weiter weißt!
Mehr davon! Mehr!
Ich spreche alle Sprachen!
Ich kann jede Farbe annehmen und jede Form!
Jede, die du dir vorstellen kannst.
Und die, die noch schlimmer sind als deine Fantasie.

Versuch ruhig, deine Gedanken vor mir zu verbergen,
Es ist vergeblich.
Ich kenne deine geheimsten Wünsche!
Ich kenne deine größten Fehler!
Und ich bin hungrig!

GEFLÜSTER Angst, die Menschen, die ich liebe, zu verlieren.
Angst, nicht gut genug zu sein.
Angst, krank zu sein.
Angst vor der Dunkelheit.
Angst in Lebensgefahr zu schweben.

ANGST Ich bin deine Angst, Nemuärt!
Und ich will groß und stark werden!

Black

9
Funken

Waldboden.
Nemuärt und die Angst liegen friedlich nebeneinander.
Wetter ist schön.
Sonne scheint.
Nemuärt kommt zu sich.

ANGST Geht's?
NEMUÄRT Wo sind alle anderen?
ANGST Wir sind alleine hier.
Nur du und ich.
Mit deiner Angst bist du immer allein.
Nemuärt.
NEMUÄRT Woher kennst du meinen neuen Namen?
ANGST »Versuch ruhig, deine Gedanken vor mir zu verbergen.«
NEMUÄRT Wo sind wir hier?
ANGST Euböa.
NEMUÄRT Da wollten wir dieses Jahr zelten.
ANGST Ich weiß.
NEMUÄRT Klar, du weißt.
ANGST Hör mal, das war anstrengend genug eben, der ganze Monolog, also lass uns jetzt einfach mal ausruhen, ja?
NEMUÄRT Warum lässt du mich nicht einfach in Frieden?
ANGST Geht nicht.
NEMUÄRT Warum nicht?
ANGST Jetzt entspann dich mal.
Hör, wie die Blätter rauschen im Wind.
Siehst du das Licht?

Komorebi.
Ist Iris' Lieblingsfarbe.

NEMUÄRT Komo was?

ANGST Komorebi.
Japanisch für »Licht, das durch Blätter fällt«.
Hast du mir eben nicht zugehört?
»Ich spreche alle Sprachen!«

NEMUÄRT Ja, ist gut.
Und woher kennst du Iris?

ANGST »Ich kenne deine geheimsten Wünsche.«

NEMUÄRT Du bist mir unheimlich.

ANGST Richtig so, das ist ja Sinn der Sache.
Na gut, das mit dem Komorebi hat mir eine Angst-Kollegin erzählt.
Die für Iris zuständig ist.

NEMUÄRT Was, es gibt noch mehr von deiner Sorte?

ANGST Klar. Jeder hat seine eigene Angst.

NEMUÄRT Das heißt, du bist die ganze Zeit nur für mich da??

ANGST Kann man so sagen, ja.

NEMUÄRT Ich will wieder zurück.

ANGST Geht nicht.

NEMUÄRT Bring mich sofort wieder zurück, du hast uns hierhergebracht, jetzt bringst du mich wieder nach Hause.

ANGST Hi Sonne.
Hi Wind.

NEMUÄRT Was machst du da?

ANGST Freundschaftsspiel.
Ich versuche herauszufinden, wer gewinnt.
Sonne Wind, Wind Sonne.
Für wen bist du?

NEMUÄRT Es wird wärmer, merkst du das?

ANGST Ich bin da nicht so empfindlich.

NEMUÄRT Das Moos wird ganz trocken.
ANGST Ah ja.
NEMUÄRT Die Blätter und Nadeln verdorren.
ANGST Interessant.

Sirenen von weither.
Ein Funke springt über.

ANGST Weg hier!
NEMUÄRT Was ist los?
ANGST Renn!
Mir nach!
Schnell!

Nemuärt und die Angst rennen durch den brennenden Wald.
Feuerwehrleute mit roten Helmen begegnen ihnen (wie im Tagesschau-Bild).

ANGST Das ist das Gasdach!
CO_2!
Plopp, plopp, plopp, plopp, plopp,
und darunter wird es immer wärmer und wärmer und wärmer.
Heiß!
Und wir sind hier am Mittelmeer!
Heißer!
Wochenlang kein Regen,
wann kommt endlich der Regen?
Trockenheit,
noch heißer!
Dürre,
Freundschaftsspiel,
Sonne Wind Wind Sonne,

ein Funke,
zisch.
Und Feuer.

Nachrichtenbilder. Man sieht, wie Brände gelöscht werden.

ANGST Dass es so weit kommen muss.
Es ist wirklich frustrierend, heutzutage eine Angst zu sein.
Niemand hört auf uns!

10
Mit Sicherheit

ANGST Mensch, Nemuärt.
Ich finde es schön, dass wir beide uns mal so in Ruhe unterhalten.
Es tut wirklich gut, so ausführlich mit einer von euch zu sprechen.
So von Angst zu Mensch.
Aber jetzt musst du los, oder?
NEMUÄRT Los?
ANGST Sag bloß, du hast die Karte nicht gelesen?
Zieht Iris' Karte aus Nemuärts Hosentasche.
Bitte schön.
NEMUÄRT *liest* »Nussallee
Heute.
15 Uhr.
Geburtstagsfeier.
Einladung.
Von Iris.«
Ich muss los!
ANGST Meine Rede.
NEMUÄRT Wie spät ist es?
ANGST Kurz vor drei.
NEMUÄRT Das schaffe ich nie!
ANGST Sag das nicht.
Ein Gutes muss es ja haben, dass du jetzt per Angst unterwegs bist.

»Ich kenne keine Grenzen und keine Schwerkraft!«
Gut festhalten!

Es knallt.

Nussallee.
Nemuärt und die Angst stehen vor einem pastellfarben gestrichenen Einfamilienhaus in einer Straße voller pastellfarben gestrichener Einfamilienhäuser.
Alle sehen genau gleich aus.
Tür mit drei Treppenstufen.
Makellos lackierte Fensterrahmen.
Kein Baugerüst weit und breit.
Ein Vorgarten mit Rasenfläche, alle Halme wirken exakt gleich lang.
Eine Garage mit einem praktischen Familienauto davor und einem Sportwagen für die Ferientage innendrin.
In jedem der Vorgärten steht ein Nussbaum.
Die Allee schaukelt sachte vor sich hin.

ANGST Das müsste es sein.
NEMUÄRT Nussallee.

Die beiden sehen sich um.

ANGST Siehst du den Grill da auf der Terrasse?
Der hat bestimmt mindestens 1000 Euro gekostet.
NEMUÄRT Es gibt Grills für 1000 Euro?
ANGST Auch davor haben manche Angst, sich so einen Hochglanzgrill nicht leisten zu können.
Mir tut die Kollegin echt leid.

Stille.
Sehr plötzlich geht die Haustür auf.
Kindergeschrei und lauter Jubel.
Luftballons.
Quietschbuntes Gewimmel.
Iris' Vater erscheint, er trägt eine Küchenschürze (farblich abgestimmt auf den Pastellton des Hauses) und breitet weit

die Arme aus.
Vielleicht hat er auch eine Rührschüssel in der Hand und winkt mit dem Schneebesen.
All das jedenfalls wirkt im Türrahmen wie ein absurdes Gemälde.

IRIS' VATER Nemuärt! Du musst Nemuärt sein, oder?
Komm rein! Alle anderen sind schon da!
NEMUÄRT *zur Angst* Kommst du nicht mit?
IRIS' VATER Alle Ängste und Sorgen müssen heute draußen bleiben!

Nemuärt geht zögerlich die Treppenstufen hinauf, Iris' Vater zieht sie schwupp hinein ins Haus.
Eine riesige Tafel voller Teller, Glimmer, Süßigkeiten.
Limonade wird aus überdimensionierten Eimern nachgeschenkt.
Kuchen mit schädelgroßen Haselnüssen.

An der Stirnseite des Tisches sitzt Iris.
Links von ihr liegt ein gewaltiger Berg zerknülltes Geschenkpapier.
Rechts von ihr wimmelt ihre Mutter.
Elegante Frau, Hosenanzug, Ohrringe vielleicht, die klirren, wenn sie sich bewegt.
Sie bewegt sich ständig.

IRIS' MUTTER Guten Tag, Nemuärt, setz dich doch!
Limonade?
Iris packt gerade ihre Geschenke aus.
Das hier ist von Tante Terezia!
IRIS Japanisch für Anfänger, toll, danke!
IRIS' MUTTER Das von Onkel Adam.
IRIS Eine Puppe, toll, danke!

IRIS' MUTTER Das von …
Das von …
IRIS Toll, danke.
Das habe ich doch schon … aber toll, danke!
Toll, danke.
Toll, danke.
Toll, danke.

Die Geschenke werden immer abstruser.
Schwitzend reißt Iris die Verpackungen auf und wirft sie weg.

IRIS' MUTTER Und das hier …

Sie winkt Iris' Vater zu sich, der sich neben sie stellt und den Arm um ihre Schulter legt.

IRIS' VATER … ist von uns.

Das Paket ist riesig.
Die beiden Elternteile müssen es gemeinsam in den Raum tragen.
Alle schweigen gespannt.

IRIS Ein … Teppich. Toll, da….
IRIS' MUTTER Für dich.
IRIS' VATER Schau, es ist ein besonderer Teppich.

Sie legen ihn auf dem Boden aus.
Er ist kreisrund und blau wie Iris' Augen.

IRIS' MUTTER Deine Iris!
IRIS' VATER Wir haben ihn nach dem Foto machen lassen vom Urlaub letztes Jahr.

IRIS' MUTTER Weiß du noch, als es so heiß war.
IRIS' VATER Am Mittelmeer.
IRIS' MUTTER Er ist handgearbeitet.
IRIS' VATER Ganz weich.
IRIS' MUTTER Ich finde es wichtig, Iris eine gute Zukunft bieten zu können.
IRIS' VATER Wir arbeiten ja nicht umsonst so viel.
IRIS' MUTTER Als Chefarzt in der Klinik …
IRIS' VATER Als Aktienhändlerin bei der Bank …
IRIS' MUTTER Geld gibt Sicherheit, keine Frage.
IRIS' VATER Spielräume.
IRIS' MUTTER Wer Geld hat …
IRIS' VATER …. gestaltet die Zukunft!
IRIS' MUTTER Geld bedeutet Reisen, bedeutet Bildung.
IRIS' VATER Ah, Japanisch für Anfänger!
IRIS' MUTTER Da fliegen wir drei doch bald einmal hin, gut?
IRIS' VATER Politische Bildung gehört natürlich auch dazu.
IRIS' MUTTER Ich sehe meine Verantwortung als Mutter darin, meiner Tochter einen guten Start ins Leben zu ermöglichen.
IRIS' VATER Eine gute Ausbildung.
IRIS' MUTTER Einen Beruf mit einem ordentlichen Einkommen.
IRIS' VATER Iris soll teilhaben an unserem Wohlstand.
IRIS' MUTTER Und ihn später weiterentwickeln.
IRIS' VATER Iris soll eine glänzende Zukunft haben!
IRIS' MUTTER Und der Teppich soll dir zeigen, dass wir dich so lieben, wie du bist.
IRIS' VATER Dass wir dich sehen.
IRIS' MUTTER Und dich unterstützen, egal, was du einmal werden möchtest nach dem Abitur.
IRIS' VATER Na, wer möchte jetzt ein Eis im Garten?

Alle Kinder rennen nach draußen und jubeln.
Iris und Nemuärt bleiben allein auf dem Teppich zurück.
Kants gesammelte Werke fallen vom Geschenketurm auf den Boden.

NEMUÄRT Ich glaube, unsere Ängste sind miteinander befreundet.
IRIS Das glaube ich auch.
NEMUÄRT Toll, dass du auch schon jemand bist.
IRIS Meine Eltern sehen das nicht so.
NEMUÄRT Ist das deine größte Angst?
IRIS Nein.
Ich habe Angst vor der Sicherheit meiner Eltern.

Nemuärt und Iris beugen sich über den Geschenkeberg.
Bei der ersten Berührung werden beide hineingezogen.

11
Tomaten

Autobahn.
Sehr laut.

ANGST Made in China.
Made in Marokko.
Made in Greece.
Made in Austria.
Made in Germany.
Made in Polska.
...
NEMUÄRT Fahren die Lkws zwischen all den Ländern hin und her?
ANGST Und die Schiffe.
Und die Flugzeuge.
Und die Züge.
Containerweise Sachen.
Import Export.
NEMUÄRT Ist das laut hier!
ANGST Ja!
NEMUÄRT Und es stinkt!
ANGST CO_2!
NEMUÄRT Wo ist Iris?
ANGST Die ist jetzt mit ihrer eigenen Angst unterwegs!
NEMUÄRT Warum fahren die alle so schnell?
ANGST Eilig,
rasch noch,
reicht nicht,
die Angst, nicht gut genug zu sein,
mehr verkaufen,
mehr einkaufen,
mehr erledigen.

Jetzt.
Los, los, los.

Parkplatz.
Viele Fahrzeuge biegen hierhin ab.
Im Hintergrund erhebt sich die Fabrik.

NEMUÄRT Was machen sie jetzt?
ANGST Fahren zur Arbeit.
Morgens hin.
Abends wieder zurück.
Hin,
zurück,
hin,
zurück,
hin,
und wieder zurück,
hin …
NEMUÄRT Verstanden.

Menschen steigen aus den Fahrzeugen aus.
Sie gehen auf die Fabrik zu.
Dämmriges Licht.
Rohre, durch die Gase und Flüssigkeiten gepumpt werden.
Lichter pulsieren.

NEMUÄRT Was passiert da drinnen?
ANGST Neue Stiftemäppchen,
frische Pampers aus Plastik,
Blumentöpfe,
Kabelbinder,
Bücher,
Winterstiefel für die neue Saison,
Tüllröcke,

Wandfarbe in Himmelblau,
Multifunktionszelte für den Campingurlaub.

Die fertigen Produkte werden aus der Fabrik herausgereicht.

ANGST Die einen schrauben Einzelteile zusammen,
die anderen planen, wie die Teile aussehen sollen.
Sie experimentieren.
Sie bohren.
Sie graben.
Öl.
Kohle.
Tief in der Erde.
Tiefer.
Sie suchen nach mehr, bis ihre Köpfe rauchen.
Das nennt sich Wachstum bei euch, glaube ich.
So viele tolle Berufe.
Weißt du übrigens schon, was du mal werden willst, Nemuärt?
NEMUÄRT Kommen so die Risse ins Fundament?
ANGST Jetzt, wo du es sagst.
Die Risse habe ich mir noch nicht so genau angeschaut.
Hast du Hunger?

Mittagsglocke.
Alle strömen in die Kantine und plaudern.
Nemuärt und die Angst schwimmen mit dem Strom.
Nemuärt liest das Menü.

NEMUÄRT Wiener Schnitzel.
ANGST Armes Kalb.
Erst lernt es seine Mutter nie kennen und dann wird es ein billiges Schnitzel.

NEMUÄRT Das ist Kalb?
Eine Baby-Kuh mit einem wachsenden Gehirn wie das von Male?
ANGST Ja, originales Wiener Schnitzel ist Kalb.
Muh.
NEMUÄRT Muh …
ANGST Lieber was anderes?

Supermarkt.
Alle packen sich Lebensmittel in große Wagen.
Kartoffeln und Tomaten.

NEMUÄRT Da ist Mama!
ANGST Sie kauft Käse für euer Abendessen.
Unverwüstlich in Plastik.
Plastik gehört die Zukunft!
Die Verpackung dieses Stücks Käse hat eine höhere Lebenserwartung als du.
NEMUÄRT Wieso, sie kommt doch später in den Mülleimer.
ANGST Von da aus beginnt ihre Reise in die Weltmeere.
Tüten, Flaschen, Käseverpackungen bauen sich dort eine neue Existenz auf.
Ein Aussteigerprojekt mit Zukunftsperspektive.
NEMUÄRT Und was passiert dann damit?
ANGST Fischfutter.
Wirft selbst einen Hai um, so ein Plastik-Happy-Meal, ich habe es mit eigenen Augen gesehen.
Der Rest wird zu Mikroplastik im Wasser.
NEMUÄRT Das Wasser, mit dem ich Zähne putze?
ANGST Ja. Das Wasser, das ihr trinkt.
Prost.
NEMUÄRT Stop mal.
ANGST Stop?

NEMUÄRT Stop.
Du musst dich irren.
Da muss ein Fehler vorliegen.
Herr Kühn sagt, das menschliche Gehirn sei zu Höchstleistungen fähig.
Das hier ist eher –

ANGST Frustrierend, ich sage es ja.
Niemand hört auf uns Ängste!
Tunnelblick, bis es fast zu spät ist.
Nemuärt, was ist denn los?

NEMUÄRT Ich sag dir jetzt mal, was eine wirkliche Höchstleistung des kühnen menschlichen Glitzergehirns wäre: Angst haben!
Angst haben vor dem Graben,
vor der Gier,
vor dem Knall.
Und genau das mache ich jetzt auch!

ANGST *geschmeichelt* Oh, das finde ich jetzt wirklich nett von dir.

NEMUÄRT Häh?

ANGST Du hast gesagt, du findest es gut, dass ich da bin!

NEMUÄRT Äh, ja, ganz so habe ich es jetzt auch nicht gemeint …

ANGST Liebe Nemuärt!

NEMUÄRT Eigentlich bin ich grade eher wütend!

ANGST Ich finde es auch schön, bei dir zu sein.

NEMUÄRT Das hilft mir jetzt auch nicht weiter.

ANGST Eigentlich dürfte ich dir das jetzt gar nicht sagen.

NEMUÄRT Was?

ANGST Na, ich bin ja die Angst, nicht die Hoffnung.

NEMUÄRT Aber?

ANGST Wenn die Kolleginnen das mitkriegen, bekomme ich richtig Ärger.

NEMUÄRT Was, jetzt sag schon.
Bitte.
ANGST Du bist nicht alleine.
NEMUÄRT Bitte?
ANGST Du bist nicht alleine!
NEMUÄRT Ja, du meinst Iris.
ANGST Es ist nicht nur Iris.
Es sind sehr, sehr viele.
Und es werden immer mehr.
NEMUÄRT Wo?

12
Hausaufgaben

Stimmengewirr.
Sprechchöre.
Bunte Fahnen.
Musik.
Im Hintergrund das Brandenburger Tor.
Oder die Wahrzeichen anderer Städte, je nachdem.

PLAKAT Dieser Planet schwebt in Lebensgefahr und mit ihm seine Bewohnerinnen und Bewohner.

PLAKAT There is no Planet B!

PLAKAT Opa, was ist ein Schneemann?

PLAKAT Ich bin mir sicher, die Dinosaurier dachten auch, sie hätten noch Zeit.

PLAKAT In jedem Waldbrand steckt ein Stück Braunkohle.

PLAKAT Save the future!

PLAKAT Ich bin so wütend, ich habe sogar ein Plakat dabei!

PLAKAT I want you to panic!

NEMUÄRT Wow.

IRIS Hallo, Nemuärt!

NEMUÄRT Oh, hallo!

IRIS Lass mich raten: Deine Angst hat dich hergebracht?

NEMUÄRT Woher weißt du das?

IRIS War bei mir genauso.

NEMUÄRT Glaubst du, die sind alle mit ihren Ängsten hier?

ANGST Aber klar!
Hallo! Hallo! Ah, hallo!
Wie läuft's bei euch?

Die Angst begrüßt unsichtbare Kolleginnen.

IRIS Die anderen aus unserer Klasse sind auch da.
PLAKAT Macht ihr eure Hausaufgaben, dann machen wir unsere.
NEMUÄRT Herr Kühn auch?
IRIS Nein, der nicht.
NEMUÄRT Deine Eltern?
IRIS Nein. Deine?
NEMUÄRT Nein.
ANGST Die haben ja auch keine Träume mehr, entschuldige mal.
NEMUÄRT Wie meinst du das?
ANGST Lass, lass. Ich will gar nicht mehr daran denken. Es war zu schrecklich.
Wahrscheinlich schlafen die zerbrochenen Dinger mittlerweile nur noch, verheddert in ihren eigenen bodenlangen Haaren. Fünfsterne war mal.

Die Angst erschrickt und hält sich die Hand vor den Mund.

ANGST Das ist mir jetzt so rausgerutscht. Vergesst es.
IRIS Wo sind die Träume?
ANGST Frag mal lieber deine eigene Angst.
IRIS Das mache ich.
NEMUÄRT Wo sind sie?
ANGST Hat irgendjemand etwas gesagt?
Ich habe nichts gehört.
NEMUÄRT Ich habe ein großes menschliches Gehirn mit einem guten Gedächtnis.
ANGST Die Träume deiner Eltern sind an einem … besseren Ort.
NEMUÄRT Im Himmel?
ANGST Nein.

NEMUÄRT Ich will da hin.
ANGST Nein.
NEMUÄRT Angst?
ANGST Nein. Äh, ja.
NEMUÄRT Es ist schön, dass du da bist.
ANGST Oh.
IRIS Sehen wir uns morgen in der Schule?
NEMUÄRT Auf jeden Fall.
Können wir los?
ANGST Da würde ich nicht drauf wetten, dass ihr euch morgen wiederseht.
Es ist ein unglaublich weiter Weg.
Viel zu gefährlich.
Auf manche Menschen wirken sie ansteckend.
Nemuärt, du wirst vielleicht für immer …
Na gut.

Ein unglaublich weiter Weg …

13
Resort of Broken Dreams

… führt auf einen riesigen Hotelkomplex zu.
Rauschen wie Wellen, Kommen und Gehen, aber kein Meer zu sehen.
Unzählige Balkone schieben sich aus dem Gebäude.
Auf dem einen oder anderen ist Wäsche zum Trocknen aufgehängt.
Badehandtücher mit Superhelden aus der Zeit, als Nemuärts Eltern Kinder waren.
Super Mario zum Beispiel.
Die Angst und Nemuärt sind völlig k.o.

NEMUÄRT Ich habe Durst.
ANGST Wenn sie gut drauf sind, bieten sie uns vielleicht etwas zu trinken an.

Die Angst hält an vor der uralten Schiebetür aus Glas.
An der Tür: Fünf Sterne.
Vier sind schon durchgestrichen, die Angst streicht auch den fünften durch.

ANGST Gut, auf geht's.
Du wolltest es so.
Du hast mich ja quasi gezwungen, dich hierherzubringen.
Emotionale Erpressung war das!
Falls wir uns nicht mehr wiedersehen: Es war trotz allem angenehm mit dir.

Ohne Nemuärts Antwort abzuwarten, geht die Angst durch die Schiebetür.
Nemuärt folgt.

STIMME *blechern vom Band* Willkommen im »Resort of Broken Dreams«.
Wir wünschen Ihnen einen erholsamen Aufenthalt.

Um einen riesigen Swimmingpool herum stehen Liegestühle.
Überall liegen formlose Wesen herum.
Im Pool steht kniehoch braunes, stinkendes Wasser.
An einer Strandbar flattert eine abgerissene Girlande.
Irgendwo läuft ein Kalb herum.
Es muht plötzlich auf.
Stille.
Dann riecht es angenehm nach paniertem Wiener Schnitzel.
Eines der Wesen lässt unendlich viel Mayonnaise aus einer abgegriffenen, klebrigen Flasche auf sein Schnitzel laufen.

Ganz fern kann man einen Rest Meer sehen.

Alle bewegen sich unendlich langsam.
Seufzen und Schmatzen.
Seufzen und Schmatzen.
Seufzen und …

ANGST Ich wünschte, ich könnte uns beiden diesen Anblick ersparen.
NEMUÄRT Ich werde ganz müde …
ANGST Ich sagte ja, auf manche wirkt es ansteckend.
NEMUÄRT Wo sind wir hier, Angst?
ANGST Broken dreams? In Englisch nicht aufgepasst? Englisch ist eine Weltsprache. Für einen einigermaßen gut ausgebildeten jungen Menschen ist es in der globalisierten Welt unerlässlich …

Maris Traum legt das Buch zur Seite, in dem er gerade lustlos geblättert hatte.
Es ist der gleiche Roman, der auf Maris Nachttisch in der neuen Wohnung liegt.

MARIS TRAUM Die Stimme kenne ich doch.
Hallo Angst.
Du warst aber lange nicht hier.
Was willst du diesmal?
ANGST Wollte mal vorbeischauen.
Schauen, wie es euch so geht.
MARIS TRAUM Gut.
Siehst du ja.
Kannst du ja wieder gehen.

Gustavs Traum nippt an einem Cocktail und tippt auf einem iPad herum.

GUSTAVS TRAUM Prost. Wollt ihr auch was trinken? Ist all inclusive hier.
NEMUÄRT Ja, gern.
GUSTAVS TRAUM War ein Scherz.
ANGST Kein guter Tag.

Auf dem iPad startet ein Video.

TAGESSCHAUSPRECHERIN Hier ist das erste deutsche Fernsehen mit der Tagesschau.
MARIS TRAUM Ah, mach das aus, mach das aus. Ich kann es nicht mehr hören.
GUSTAVS TRAUM Verlorene Träume sind wir.
Verloren und vergessen, gebrochen.
MARIS TRAUM Naja, es können nicht alle schaffen.
GUSTAVS TRAUM Die Leute träumen so viel.

MARIS TRAUM Das kann ja gar nicht alles wahr werden.
GUSTAVS TRAUM So ist das eben.
MARIS TRAUM Aber!
GUSTAVS TRAUM Es könnte sein, dass sich jemand an uns erinnert!
MARIS Für diesen Moment halten wir uns fit.

Schrille und sehr fröhliche Musik ertönt plötzlich und laut. Jeff Bezos' Traum und ein anderer rennen am Poolrand entlang in einer lieblosen Verkleidung.

DIE BEIDEN TRÄUME Studie!
Klimarat!
Erderwärmung schneller als gedacht!

Alle anderen Träume erheben sich mühsam.
Sie brainstormen.

EIN TRAUM Stoppen! Maßnahmen!
EIN ANDERER Zentrum für Technologie!
NOCH EINER Weniger von allem!
DIE TRÄUME Alles, alles, alles muss anders!

Die Musik stoppt genauso plötzlich, wie sie angefangen hat. Die Träume lassen sich erschöpft in die Liegestühle zurücksinken.
Jeff Bezos' Traum und sein Kollege reißen sich die Kostüme vom Leib und werfen sie in den Pool.

JEFF BEZOS' TRAUM Bin ich froh, dass das geschafft ist.
DER ANDERE Ja, jetzt haben wir wieder eine Weile Ruhe. Eine Wurst?
JEFF BEZOS' TRAUM Ich hab noch eine bessere Idee. Wie wär's, wenn wir kurz mal eine Runde ins All fliegen?

DER ANDERE Super Sache! Das wird ein Spaß! Der Jeff hat's echt immer drauf.

Die beiden gehen scherzend ab.

MARIS TRAUM *zu Gustavs* Wann bist du wieder dran?
GUSTAVS TRAUM Morgen, glaube ich.
MARIS TRAUM Dann haben wir zusammen Animationsdienst. Immerhin.
ANGST Ihr seid alle noch träger als beim letzten Mal!
GUSTAVS TRAUM *braust im Rahmen seiner Möglichkeiten auf* Was sollen wir denn deiner Meinung nach machen, hm?
ANGST Ja, wenn nicht mal mehr die Angst persönlich euch in Bewegung bringt, dann weiß ich auch nicht.
NEMUÄRT Ihr könntet mal ans Meer fahren.
MARIS TRAUM Da ist überall Plastik.
GUSTAVS TRAUM Und ein toter Hai.
MARIS TRAUM Ich glaub, der hat davon gefressen.
NEMUÄRT Ihr könntet mal aufräumen.
GUSTAVS TRAUM Es bringt nichts. Ich kann es nicht mehr mit ansehen.
Fängt an zu weinen.
MARIS TRAUM *versucht, ihn zu trösten* Was für ein Traum bist du denn?
GUSTAVS TRAUM Ein Weltverbesserungstraum natürlich!
MARIS TRAUM Oje … Wie so viele von uns.
GUSTAVS TRAUM Ich war der Traum eines Jungen namens Gustav. Toller Typ.
zu Nemuärt Sah ein bisschen so aus wie du, übrigens. Meine Güte, hatte der Träume. Er wollte eine gerechte Welt, in der alle genug hatten. Wir waren unzählig viele Träume bei Gustav! Das waren Partys, ich sage

es euch, und als er dann erst Mari kennenlernte …

zu Maris Traum Apropos. Kennen wir uns irgendwoher?

MARIS TRAUM Klar, wir liegen seit Ewigkeiten hier nebeneinander.

GUSTAVS TRAUM Nein, ich meine von früher.

MARIS TRAUM Nicht, dass ich wüsste …

GUSTAVS TRAUM Warte mal! Du bist doch Maris Traum!

MARIS TRAUM Ja! Ja, klar, jetzt erkenne ich dich, du bist Gustavs Traum!

Größte ehrliche bisherige Traumaktivität.

GUSTAVS TRAUM Sie hatten es schön.

MARIS TRAUM Ja. Sie hatten es schön.

GUSTAVS TRAUM Sie haben gelacht über sinnlose Jobs.

MARIS TRAUM Wollten reisen und frei sein.

GUSTAVS TRAUM Nie für irgendwelche Unternehmen arbeiten, die doch nur an Gewinn denken.

MARIS TRAUM Sie wollten Teil der Lösung sein …

GUSTAVS TRAUM … und nicht des Problems.

MARIS TRAUM Aber dann …

GUSTAVS TRAUM Miete teuer …

MARIS TRAUM Strom, Telefon, Heizung, Versicherungen, Altersvorsorge …

GUSTAVS TRAUM Rechnungen …

MARIS TRAUM Nemuärts Geburt.

GUSTAVS TRAUM Glück!

MARIS TRAUM Angst!

GUSTAVS TRAUM Rechnungen …

MARIS TRAUM Strom, Telefon, Heizung, Versicherungen, Altersvorsorge …

GUSTAVS TRAUM Umzug.

MARIS TRAUM Teuer.

GUSTAVS TRAUM Wovon?
MARIS TRAUM Brauchen.
GUSTAVS TRAUM Mehr Arbeit.
MARIS TRAUM Mehr Zeit.
GUSTAVS TRAUM Mehr …
MARIS TRAUM Muss …
GUSTAVS TRAUM Weiter …
MARIS TRAUM Gehen …
GUSTAVS TRAUM Irgendwie.
MARIS TRAUM In der Fabrik wäre ein Job frei.
GUSTAVS TRAUM Seufz.
MARIS TRAUM Seufz ebenfalls.
GUSTAVS TRAUM Sie wollten das Beste.
Sie wollten eine gute Zukunft, für sich und ihre Kinder.
MARIS TRAUM Die Frage ist nur, was das heißt.

Pause.

NEMUÄRT Ihr könntet auch einfach mal selber losgehen.
GUSTAVS TRAUM Wir könnten auch einfach selber losgehen …
MARIS TRAUM Das ist die beste Idee, die ich hier je gehört habe!
GUSTAVS TRAUM Einfach raus hier!

Maris und Gustavs Traum stehen mühelos auf.
Die anderen ziehen mit.
Aufstand der verlorenen Träume.
Frischer Wind.
Das Resort of Broken Dreams fällt in sich zusammen.
Kein Stein bleibt auf dem anderen.

14
Schweben

Nemuärt und die Angst bleiben allein in der Finsternis zurück.
Sie tasten sich mühsam vorwärts.
Tiefe Risse. Es wird immer dunkler.

ANGST So viele Risse!
Interessant!
...
Du hast nicht zufällig eine Taschenlampe dabei?
NEMUÄRT Zufällig nicht.
ANGST So tief unten im Fundament war ich noch nie.
NEMUÄRT Hast du etwa Angst?
ANGST Ich? Angst?
NEMUÄRT Ich finde es auch unheimlich.
Wollen wir jetzt zurück nach Hause?
ANGST Haha! Ich? Warum sollte ich Angst haben?
NEMUÄRT Angst, was ist los mit dir?
»Du kennst keine Schwerkraft ...«
ANGST Wir sind ganz schön weit gekommen, wir beide.
NEMUÄRT Und deshalb kehren wir jetzt um.
Wo geht es lang?
ANGST Ich weiß es nicht.
NEMUÄRT Wie meinst du das?
ANGST Ich weiß nicht, wo wir sind.

Es ploppt leise.

NEMUÄRT Clown gefrühstückt?
ANGST Leider nein.

Es ploppt weiter.

NEMUÄRT Bring uns jetzt sofort zurück, und ich verspreche dir, dass ich mich nie wieder vor dir verstecke.
ANGST Nützt nichts.
Ich weiß, dass ich nichts weiß.
Wir sind am Ende.

Das Ploppen wird lauter.
Es wird immer dunkler.
Einzelne Zellen kommen Nemuärt und der Angst entgegen.

EIN SIEBENZELLER Was wollt ihr mal werden, Vierzeller?
EIN VIERZELLER Wir wissen es schon, Siebenzeller.
DER SIEBENZELLER Wow, wir nicht.
DER VIERZELLER Wir wollen ein Teil von einem menschlichen Gehirn werden!

Die beiden Zellen teilen sich weiter, während sie vor Nemuärt und der Angst innehalten.
Plopp, plopp.

DER SIEBENZELLER Was seid ihr und ihr denn?
DER VIERZELLER Wisst ihr und ihr etwas über das menschliche Gehirn?
NEMUÄRT Das Gehirn eines Babys wächst bis zu seinem dritten Lebensmonat jeden Tag um 1 Prozent.
DER VIERZELLER *ploppt vor Freude* Wunderbar, wunderbar!
DER SIEBENZELLER Woher nehmt ihr euer Wissen?
NEMUÄRT Meine Schwester ist ein Baby.
DER VIERZELLER Wunderbar, wunderbar!
ANGST Sie schreit sehr viel.
DER SIEBENZELLER Ja, natürlich.
Wachstum schmerzt.
DER VIERZELLER Veränderung schmerzt.

DER SIEBENZELLER Ihr und ihr macht mit dem einen weiter und lasst das andere zurück.
DER VIERZELLER Kontrolle ist eine Illusion!
DER SIEBENZELLER Sicherheit ist eine Illusion!
DER VIERZELLER Wir und wir kommen aus dem Chaos …
DER SIEBENZELLER … und gehen zum Chaos zurück.
DER VIERZELLER Alles in Bewegung.
DER SIEBENZELLER Alles in der Schwebe.
DER VIERZELLER Alles ungewiss.
DER SIEBENZELLER Wolltet ihr und ihr gerade zum Chaos?
DER VIERZELLER Wir kommen gerade heraus.
DER SIEBENZELLER Es ist gleich da vorne.
DER VIERZELLER Es ist wunderschön.
NEMUÄRT Ich …
DER SIEBENZELLER Haha, ihr habt »ich« gesagt.
DER VIERZELLER Wie lustig.

Die beiden lachen und ploppen zwischendurch weiter.

NEMUÄRT Was ist daran so lustig?
DER SIEBENZELLER »Ich will, ich werde, ich habe.«
DER VIERZELLER Wir wetten, ihr seid ein Mensch.
NEMUÄRT Das stimmt.
DER SIEBENZELLER Menschen neigen zu einem obsessiven Verhältnis zum eigenen »Ich«.
DER VIERZELLER Darüber vergessen sie gern mal das Chaos.
DER SIEBENZELLER Dabei müsstet ihr und ihr nur mal von oben schauen.
DER VIERZELLER Oder von unten.
DER SIEBENZELLER Lauter Körper aus vielen kleinen Zellen.

DER VIERZELLER Die Körper bewegen sich und strengen sich an, einen *Beruf* zu finden.

DER SIEBENZELLER Sie tauschen ein Metall, das sie *Geld* nennen.

DER VIERZELLER Das scheint ihnen sehr wichtig zu sein.

DER SIEBENZELLER So wichtig, dass sie dafür über Leichen gehen.

DER VIERZELLER Manchmal fliegen sie zur Erholung in einen Urlaub.

DER SIEBENZELLER Und manchmal bauen sie sich Denkmäler für ihre »Ich«s.

DER VIERZELLER All das nur, um das Chaos zu vergessen.

Es ploppt immer häufiger.
Plopp, plopp. Plopp, plopp.

DER SIEBENZELLER Wie soll ein »Ich« allein denn die Richtung ändern?

DER VIERZELLER Aber viele …

DER SIEBENZELLER … noch mehr …

DER VIERZELLER … noch, noch, noch mehr …

DER SIEBENZELLER …. sind vielleicht …

DER VIERZELLER … womöglich …

Plopp plopp plopp plopp plopp

DER SIEBENZELLER & DER VIERZELLER …. die Zukunft?

NEMUÄRT Die Zukunft?
Angst, die Zukunft!
Wir haben die Zukunft gefunden!

Völlige Dunkelheit.

15
Die Zukunft

HERR KÜHN Guten Morgen, Klasse!
KLASSE Guten Morgen, Herr Kühn!
NEMUÄRT und IRIS Guten Morgen.
HERR KÜHN So, Hausaufgaben.
Wer fängt an?

Nemuärt und Iris melden sich gleichzeitig.

HERR KÜHN Schön, erst Nemuärt, dann Iris.
Also.
Was möchtest du einmal werden?

Nemuärt steht auf.
Sie trägt einen leuchtenden Anzug in Komorebi.
Alle wenden sich ihr zu.
Iris lächelt ihr aufmunternd zu.

NEMUÄRT Ich bin Nemuärt.
Wie Träumen auf rückwärts.

Die Tür geht auf und Nemuärts Angst zwängt sich in den Raum.
Sie zwinkert Nemuärt zu.
Nemuärt sieht sich um.
Alle sind jetzt da.
Gustav und Mari, mit Male auf dem Arm.
Lurchi und der Elefant.
Oma Gertrud, Iris' Eltern, die Tagesschauleute, die Träume.
Der Vierzeller und der Siebenzeller.

NEMUÄRT Ich bin Nemuärt.

Wie träumen auf rückwärts.
Und ich werde …

Nemuärt wacht auf.

CARINA SOPHIE EBERLE

geboren 1987 im südlichen Bayern, studierte Germanistik, Französisch und Gesang. Arbeitet seitdem als Autorin, Regisseurin und Dramaturgin für verschiedene Theater und Orchester in Deutschland. Inszenierungen entstanden unter anderem am Theater Münster, Theater Bonn und im Theater im Marienbad Freiburg, oftmals für junges Publikum. Als Dramaturgin ist sie vorwiegend an kollektiven Schreibprozessen und Projektentwicklungen beteiligt. Sie war Lehrbeauftragte an der Universität Köln und schreibt von Bonn aus.

Theaterstücke:
Popcorn oder Einsame Explosionen, Uraufführung: Theater im Marienbad, Freiburg, 2022. Regie: Carina Sophie Eberle; *else (someone)*, U: Theater Bielefeld, 2023. R: Nadja Loschky; *Der Traum von der glänzenden Zukunft*, U: Deutsches Theater Göttingen, 2024. R: Theo Fransz; *Formalin.*